고급스럽게 즐기는 일본 가정식

이동기 지음

고급스럽게 즐기는
일본 가정식

담백하고 깔끔한 맛을 담은 일본 가정 요리

Booksgo

프롤로그

한 끼 식사가 좋은 추억으로 남길 바라며

일본 요리라고 하면 호텔이나 고급 다이닝 식당에서의 요리를 떠올리는 분들이 많다. 주재료가 생선이다 보니 입맛에 맞는 생선을 구하기도 어렵고 다루기도 힘들어, 일본 요리를 하는 것이 마냥 어렵게만 느껴진다. 하지만 생각보다 쉽게 일본 요리를 가정에서 즐길 수 있다.

가게에서 손님들과 이야기하다 보면 가장 많이 듣는 이야기가, "집에서도 일본 요리하세요?"였다.

집에서 일본 요리를 한다는 것이 녹록하지 않다는 간접적인 이야기일 것이다.

그래서 이 책을 쓸 때 "집에서도 쉽게 만들 수 있도록 하자"를 가장 우선순위에 놓았고 그렇게 쓰려고 노력했다.

단지 배고픔을 채우는 것이 아닌 다양한 요리 경험과 문화를 느끼려는 사람들이 많아졌다.

또한 본인의 철학을 갖고 본인만의 개성 있는 요리를 하려는 사람들도 늘고 있다. 아주 바람직한 현상이라고 본다.

오랜 경험으로 축적된 일본 문화와 가정에서 쉽게 만들 수 있는 일식에 대한 지식을 같이 공유하고픈 마음을 나눌 수 있었으면 좋겠다.

요리로 그들의 경험과 문화를 나누다 보면 가끔씩 느끼는 서로의 이해 차이를 조금이라도 좁힐 수 있지 않을까?

"많은 사람들의 한 끼 식사가 훗날 좋은 추억으로 남아 있기를 바라면서"
우리 모두의 행복한 삶을 기원한다.

셰프라는 자부심을 가지고 장인의 길로 가게끔 도와주신 여러 선후배님들께 감사의 말씀을 드리고 싶다.

셰프 이동기

시작하기 전에 알아두면 좋아요

- 이 책의 모든 요리는 2인분을 기준으로 계량하였습니다.
- 요리에 사용한 재료와 소스는 가정에서도 쉽게 사용할 수 있도록 종이컵과 밥숟가락으로 계량하였습니다.
- 종이컵 1컵은 180ml, 1큰술은 큰 숟가락을 의미하여 15ml, 1작은술은 작은 숟가락을 의미하며 5ml를 기준하여 계량하였습니다.
- 이 책의 모든 요리에 사용하는 기본 다시는 181쪽의 가쓰오 다시를 의미합니다.
- 이 책의 모든 요리에 사용한 생선은 미리 손질되어 있는 생선을 구입하여 사용하여도 좋습니다.
- 이 책에서 사용한 샐러드 오일은 기본적으로 포도씨유, 해바라기유, 카놀라유 등 일반적으로 가정에서 사용하는 식용유를 말합니다.
- 일본 요리는 어렵지 않다고 이야기하는 이동기 셰프의 모든 레시피는 가정에서도 쉽게 맛을 재현할 수 있도록 연구하고 노력하였습니다.

차례

프롤로그 한 끼 식사가 좋은 추억으로 남길 바라며 … 004
시작하기 전에 알아두면 좋아요 … 006

셰프의 마인드 … 014
스시 셰프 … 019
스시의 온도 … 024
스시의 텍스처 … 026

쯔께다시

쯔께다시 이야기 … 032
참치 샐러드 … 034
오징어 소면 … 036
문어 산마 샐러드 … 038
배 새우 두부 무침 … 040
모둠버섯 게살 샐러드 … 042
우엉 연근 볶음 … 044
낙지 미역 미소 무침 … 046
전복 칼파쵸 … 048
등심 샤브고기 샐러드 … 050
가지 오징어 샐러드 … 052
해삼 들깨 소스 초회 … 054
굴 레몬 초회 … 056

국물 요리

국물 요리 이야기 … 060
대합국 … 062
미소시루 … 064
꽃게 미소시루 … 066
옥도미 맑은 국 … 068
모둠냄비 … 070
대구지리 … 072

식사

초밥 이야기 ··· 076
대게 돌솥밥 ··· 078
소고기 덮밥 ··· 080
스키야키 ··· 082
찬 잣소면 ··· 084
반건조 오징어 온소바 ··· 086
주꾸미 봄채소 덮밥 ··· 088
낫토 산마 소바 ··· 090
고기 수박 우동 ··· 092
살치살 덮밥 ··· 094
야끼오니기리 ··· 096
캘리포니아 롤 ··· 098

구이와 조림

구이와 조림 이야기 ··· 102
볼락 간장 조림 ··· 104
고등어 미소 조림 ··· 106
일본풍 등심 스테키 ··· 108
삼치 된장 구이 ··· 110
금태술찜 ··· 112

튀김

튀김 이야기 ··· 116
문어 튀김 ··· 118
전복 시소말이 튀김 ··· 120
소고기 튀김 ··· 122
물오징어 빵꼬아게 ··· 124
아귀 튀김 ··· 126

차례

후식

후식 이야기 … 130
단호박 양갱 … 132
호박고구마 푸딩 … 134
유자 양갱 … 136
두유 푸딩 … 138
치즈 푸딩 … 140
토란 팥만쥬 … 142
귤 젤리와 딸기 … 144
미소쿠키 … 146
감자 카스테라 … 148

쉽게 구할 수 있는 생선 다루기

도미 … 152
날치알 … 155
광어 … 156
연어 … 158
참치 … 160
갑오징어 … 162
새우 … 164
전복 … 166
청어 … 168
고등어 … 170

SPECIAL
가정에서 스시용 생선 구하기 … 174

소스와 베이스

일본 요리의 양념들 ··· 180
가쓰오 다시 ··· 181
우동 다시 ··· 182
소바 다시 ··· 183
냄비 다시 ··· 184
초회 소스 ··· 185
폰즈 소스 ··· 186
샐러드 소스 ··· 187
생선 된장 구이 소스 ··· 188
생선 간장 구이 소스 ··· 189
생선 밥 소스 ··· 190
김밥에 꼭 들어가는
재료 조림 소스 ··· 191
김 조림 소스 ··· 192
양념 장어 달걀 곁들임 소스 ··· 193

건강하고 고급스러운 일본 요리 한 상

친구들의
즐거운 시간을 위한
일본 요리 한 상 ··· 196

사랑하는
아이의 생일을 위한
일본 요리 한 상 ··· 198

집들이를 위한
일본 요리 한 상 ··· 200

부모님
생신 축하를 위한
일본 요리 한 상 ··· 202

손님 접대를 위한
일본 요리 한 상 ··· 204

에필로그
오마카세 스시와
테이블 오마카세 이야기 ··· 208

주방과 홀의 벽을 허물어
셰프의 기술과 마인드를 직접 전달하다 보면,
음식을 매개체로 또 다른 문화가
만들어 질 것이라는 확신이 있다.

* 스시 무카의 모습

셰프의 마인드

회사에 머무는 시간이 꽤 길던 시절, 한창 젊었을 때의 나는 '내가 왜 일식을 선택해서 이 고생을 하고 있나?'라며 후회도 많이 했다. 그래서 쉬는 날이면 미친 듯이 등산을 하면서 스트레스를 풀곤 했다.

매우 식상하게 들리겠지만, '젊어 고생은 사서도 한다'라는 말을 곱씹어 보니 인생의 정답인 듯싶다.

나처럼 요리를 하는 사람들은 기본적인 스킬을 막내 시절에 제대로 배워놓지 않으면 선배가 된 후 후배에게 물어보며 일을 하게 된다. 여간 모양 빠지는 일이 아니다. 다만 시작이 좀 늦어서 나이 어린 선배에게 물어봐야 하는 어쩔 수 없는 상황을 제외하고 말이다.

015

기본을 확실히 배워놓지 않은 요리사는 어떤 요리를 하든 분명 한계가 있다. 그래서 처음 요리를 시작하는 사람은 무조건 직접 해봐야 한다. 이론과 레시피만 열심히 정리해두고 실제로 해보지 않으면 막상 중요한 순간에 절대 그 요리를 만들 수 없다.

선배에게 배운 걸 몇 번이고 똑같이 해보고 그 다음에 자기 스타일을 접목해 나아가야 자신만의 스타일을 만들 수 있다.

처음 신라호텔에서 일할 때는 워낙 큰 규모라 6개 파트(스시카운타, 아라이바(생선을 손질하는 곳), 나까이다(전채 요리와 구이, 후식), 니가다(조림, 국물요리), 덴뿌라(튀김), 사시미 바)를 2년씩 경험하며 꼬박 12년이 걸렸다. 그래서 파트가 바뀔 때면 중고참이 되어서 파트의 막내 일을 배울 때가 종종 있다.

나 역시 막내 시절 일본 요리인 '지리(국물 요리)'에 들어가는 무 손질을 소홀히 해서 후배에게 제대로 가르쳐 주지 못해 창피했던 기억이 있다. 쉬는 날이나 여유시간이 있을 때 다양하게 관심을 가지고 익혀 놓아야 한다. 그때는 그것이 일이 아니라 배움으로 생각하며 좋은 피를 수혈받고 있다는 자세로 임하길 바란다.

언젠가 관리팀장이 영업 실적이 좋지 않은 매장에 대한 의견을 물었다.

"왜 장사가 안 될까요?"
"헝그리 정신(프로의식)이 부족하니까요."

누가 꼰대 아니랄까봐 서슴없이 이리 대답해버렸다.

매출이 좋고 수준 있는 음식을 하는 곳의 오너는 대부분 셰프이다. 생각컨대 가장 중요한 것을 책임지고 있는 사람이기 때문이다.

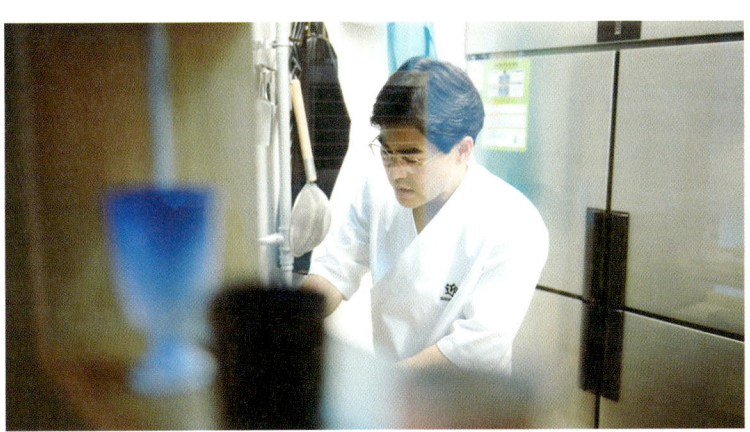

　셰프의 마인드가 샐러리맨의 마인드라면 치열하게 성장하고 있는 외식업에서 살아남기 힘들다. 구성원 모두가, 오너의 마음으로 일해도 쉽지 않기 때문이다. 특히나 요즘처럼 워라밸이 중요시 되는 시점에는 구성원의 사생활에 대한 존중 등으로 갈등이 생길 수도 있다.

　그래서 셰프에게 요구되는 또 다른 역량이 소통할 수 있는 능력을 키우는 것이다. 모든 면에서 활약이 가능한 전문가를 키우기 위해선 서로 간의 신뢰가 바탕이 되어야 한다. 큰 조직일수록 소통과 신뢰가 가장 중요하다.

　한 사람을 내 사람으로 만드는 것이 얼마나 힘든 일인가? 사람과 사람과의 관계에는 무수히 많은 변수들이 있다. 그런 변수들을 고스란히 해결하며 정리할 수 있는 능력이 셰프에게는 무엇보다 필요하다.

스시 셰프

일식 요리사는 크게 스시 전문 요리사와 가이세키(코스 요리)를 하는 전문 요리사, 갓포 요리를 하는 이자까야 요리사, 라면 전문 요리사, 소바 우동 전문 요리사, 화과자를 하는 디저트 전문 요리사 등 다양하게 있다.

날 생선을 가장 많이 다루는 스시 요리사의 마음가짐에 대해 생각해 본다. 어떤 스시 셰프 선배님이 이런 말씀을 하신 게 기억이 난다.

"행주는 도마나 칼을 닦기보단 빨기 위해 존재한다."

위생의 중요성을 강조한 말씀이라 생각해서 나 역시 한 번이라도 더 행주를 빨려고 했다.

　신선도가 중요한 생선을 다루다 보니 손은 늘 차가운 물에 담겨져 있다. 특히 겨울 아침 찬물로 생선을 손질하다 보면, 본능적으로 따뜻한 아랫목이 생각난다. 그러면서도 손님에게 손이 보여야 하는 직업 특성 때문에 상처나거나 트지 않도록 철저한 관리도 필수이다.

　오픈된 공간에서 일하는 스시 셰프들은 그들의 모든 것이 노출되기에 정신적 긴장감이 매우 높다. 칼질이나 스시 잡는 법, 말투 등 어느 것 하나 허투를 수 없다. 그래서 일을 끝내고 하루를 돌아보며 정리하다 보면, 기가 빠진다는 느낌이 들 때가 많다.

자리에서 식사하는 손님들의 취향을 면밀히 파악하고, 짧은 시간 동안 고객의 만족을 위해, 눈동자가 수도 없이 돌아가고 두 손은 쉴 틈이 없이 움직인다. 입꼬리는 처음부터 끝까지 항상 스마일을 유지해야 한다. 그러다 보니 몸과 정신이 모두 녹초가 되어 버린다.

그래서 보통 점심 영업이 끝나면 반드시 충전이 필요하다. 셰프 본인의 몸이 피로하면 절대 맛있는 스시를 만들 수 없을 뿐더러, 손님과의 원만한 대화 진행도 힘들기 때문이다.

　오케스트라 공연에서 지휘자의 역할이 중요하듯 레스토랑의 지휘자인 메인 셰프는 눈짓과 동작으로 사람들을 압도해야 한다.
　자연스레 흐르는 물의 청명한 소리가 사람에게 편안함과 안정감을 주듯이, 셰프의 무언 동작 하나하나에 모두가 주목하는 이유이다.

스시의 온도

음식마다 맛을 좌우하는 최적의 온도가 있다. 하지만 그 온도를 지키는 것은 생각처럼 쉽지가 않다.

대표적인 요리가 스시이다. 맛있는 스시를 만든다고 소문이 난 셰프는 10~15개의 스시를 만들고 나서 다시 온기 있는 밥을 떠와서 스시를 만든다. 보조 셰프 중에는 밥만 보충하는 역할을 하기도 한다.

그렇다면 온도가 왜 이렇게 중요할까?
사람 체온과 비슷한 온도와 촉감이 입안으로 들어올 때 우리는 거부반응 없이 단백질과 탄수화물의 조합을 자연스럽게 느낀다.

사시미의 온도는 차갑다고 느껴질 정도여야 신선한 맛으로 먹는다. 하지만 스시는 밥과 생선의 조화가 굉장히 중요하다. 냉장고에 보관돼 있는 생선이 너무 차면 셰프가 은근히 쥐어 손 온도로 녹여서 밥과의 온도 조화를 생각하며 스시를 만든다.

생선과 밥의 적당한 온도가 유지된 스시를 완성하는 것은 자칫 단순해 보이지만 맛의 차이를 만드는 숨은 온도가 존재하는 것이다.

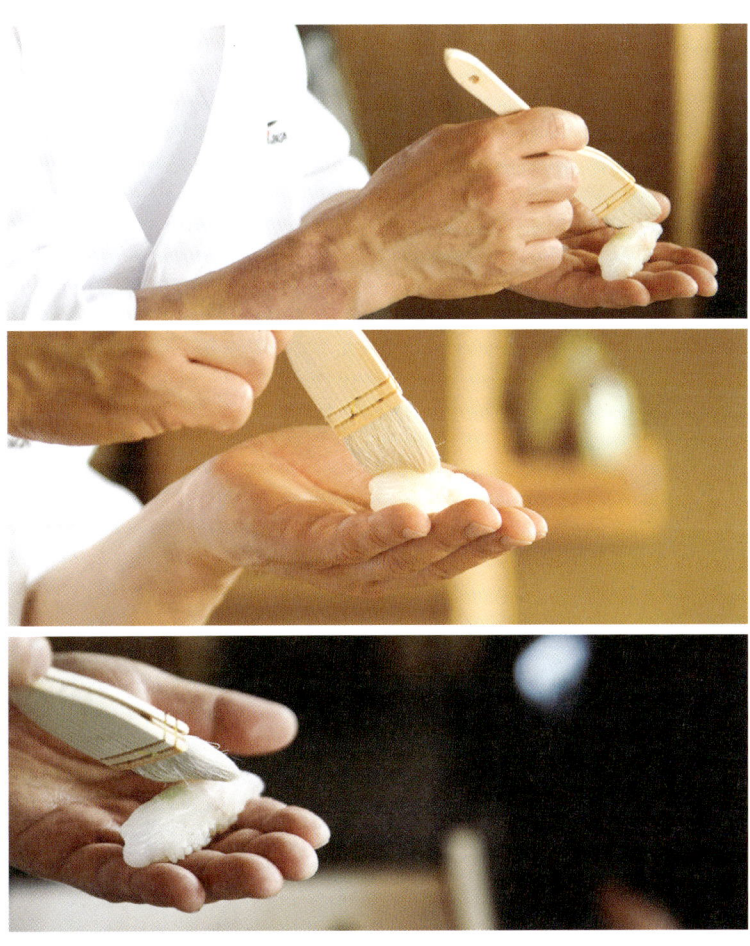

스시의 텍스처

생선마다 고유의 식감이 있다. 그래서 부드러운 참치나 연어는 두께감 있게 썰고, 복어나 전복같이 딱딱한 생선은 최대한 얇게 써는 것이 식감을 살리는 포인트이다.

'기리아지'라는 용어를 직역하면 '칼맛'으로, 좀 섬뜩하게 느껴지지만 실제 의미는 생선의 식감을 살리기 위해 식재료를 칼로 써는 방법을 가리킨다.

딱딱한 오징어의 표면에 정성스레 칼집을 넣거나 청어의 잔가시를 모두 제거할 수 없으니 칼을 이용해 가시를 모두 절단해 식감을 만드는 것이 바로 기리아지, 칼맛이다.

흰살 생선인 활어를 두툼하게 썰고 적은 양의 밥으로 만든 스시는 이미 위장으로 넘어가 온데간데없고 생선만 남아서 껌처럼 씹게 될 때가 있다. 이상적인 스시는 생선을 너무 크게 하지 않고 밥을 많이 넣어도 안 된다. 잘 숙성된 생선 12~13g과 쌀밥 8g이 가장 이상적인 비율이라고 생각한다. 다이어트를 생각해서 밥알을 작게 주문하는 분들을 제외하고는 이런 비율로 만들어진 스시를 추천한다. 초밥과 목 넘김을 같이 하는 스시가 가장 이상적인 스시이다.

식감이 좋으려면 생선과 쌀밥의 흡착력이 중요하다. 잘 만든 스시는 밥 안에 공기를 머금어 생선과 쌀밥이 한 몸이 된다. 또 젓가락으로 집었을 때 쌀밥이 두 동강이 나지 않아야 한다. 스시 밥알 하나하나의 결집력이 입 안에서 침과 섞이면서 맛을 만들어내는 어려운 세계가 바로 스시이다.

쯔께다시는 무궁무진하지만
그만큼 힘들고, 셰프의 감각과 센스가
돋보이는 요리이기도 하다.

쯔께다시

쯔께다시 이야기

　일본 요리집을 방문하면 메인 요리가 나오기 전에 기본적인 반찬이 먼저 놓인다. 이 요리를 흔히 '쯔께다시'라고 부른다. '쯔께다시'라는 말은 고객에게 처음 다가가는 요리라는 의미가 있다.

　일반적으로 코스 요리를 구성할 때 모든 요리가 중요하지만, 특히 신경 쓰며 중요하게 여기는 요리가 쯔께다시(웰컴디쉬)와 디저트이다. 즉 고객과의 첫 만남이자 코스 요리의 첫 인상이 되기에 그만큼 중요하고 어렵다.

　또한 쯔께다시는 무궁무진하지만 그만큼 힘들고, 셰프의 감각과 센스가 돋보이는 요리이기도 하다.

　나는 신라호텔에서 3년 동안 쯔께다시만 담당했던 적이 있다. 이때의 경험이 나의 요리 감각을 살리는 데 많은 도움이 되었다.

　사실 매일매일 새로운 요리를 구성한다는 게 여간 쉬운 일이 아니다. 그때의 심정은 주부들이 오늘 저녁은 뭘 해야 하나로 고민하는 그 심정과 다를 바 없다.

　그러니 수시로 다른 식당의 벤치마킹도 하고 잡지책도 보면서 영감을 얻고자 노력했다. 배부르지 않으면서 상큼하고 침샘을 돌게 만드는, 처음 만나는 요리를 보고 감동할 수 있는 그런 요리가 필요했다. 또한 심플하면서 깊은 맛이 나며 완성도까지 손색이 없어야 했다.

　쯔께다시는 특히나 날씨와도 관련이 있다.
　예를 들어 무더운 여름날에는 신선한 오징어를 살짝 데치고 차갑게 얼린 소바 다시를 곁들여 낸다. 온 세상이 꽁꽁 얼만큼 추운 겨울날에는 온기를 흠뻑 느낄 수 있는 따뜻한 푸딩 식감의 일본식 달걀찜이 제격이다.

　사람은 음식을 먹을 때 날씨에 많은 영향을 받기 때문에 날씨에 민감해질 수밖에 없다. 튀김이나 전 부치는 소리가 비 오는 소리와 비슷해서 비가 내리는 날 유독 전이나 튀김이 더 맛있게 느껴지는 이유이기도 하다.

참치 샐러드

참치 등심을 이용한 전채 요리
날생선에 민감한 사람을 위한

재료

참치 등살 40g
양파 1/4개
생강 1/2개
양상추 조금
영양부추 조금
올리브 오일 조금

소스

양파 간 것 1큰술
사과 간 것 1큰술
생강 간 것 1/2작은술
마늘 간 것 1/2작은술
샐러드 오일 1컵
참기름 1작은술
진간장 1큰술
미림 1/2작은술
설탕 1/2작은술
사과 식초 1큰술

만들기

1 참치는 핏기를 제거하고, 소금과 후추를 뿌린 다음 랩핑하여 냉장고에 20분간 둔다.
2 양파와 양상추, 생강은 최대한 얇게 썰어 흐르는 물에 헹군다.
3 영양부추는 1cm로 잘라서 헹구고 **2**와 섞어 물기를 제거한다.
4 모든 소스 재료를 섞되 샐러드 오일은 조금씩 부어 가면서 섞는다.
5 프라이팬에 올리브 오일을 조금 두르고 뜨거워졌을 때 참치의 양면을 구워 냉장고에서 식힌다.
6 참치는 0.5cm로 자르고 그릇에 담아 **3**의 준비된 채소를 올리고 **4**의 소스를 뿌린다.

오징어 소면

한여름 시원하게 먹을 수 있는 전채 요리

재료

갑오징어 1/2 마리
소바 다시 2컵(183쪽 참고)
정종 1작은술
생강 간 것 조금
실파 조금

만들기

1. 껍질을 벗긴 갑오징어는 5cm × 5cm로 잘라 얇게 썬다.
2. 소금과 정종을 넣은 끓는 물에 오징어를 데치고 바로 얼음물에 식힌 후 물기를 제거한다.
3. 소바 다시는 살얼음이 낄 정도로 얼린다.
4. 생강은 갈고 실파는 송송 썬다.
5. 그릇에 2의 오징어를 담고 3의 살얼음이 된 소바 다시를 넣고, 4의 생강과 실파를 올려 마무리한다.

문어 산마 샐러드

산마에 상큼한 소스의 맛이 일품인 요리 담백하게 삶은 문어와 적당히 간을 한

재료

문어 다리 2쪽(1kg 기준)
산마 40g
다시마 1장
믹스 샐러드 조금
소금 조금

소스

샐러드 소스 5작은술
(187쪽 참고)
현미 식초 5작은술
진간장 1큰술
설탕 1작은술
연간장 1작은술
미림 2큰술

재료 준비 | 30분   조리 시간 | 30분

1-1

1-2

3

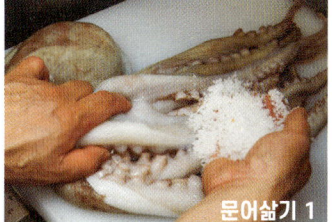
문어삶기 1

만들기

1 산마는 껍질을 벗긴 후 4cm×1cm로 자른 다음 소금과 다시마를 넣은 물(바닷물보다 약간 약한 맛)에 20분간 담가서 맛을 들인다.
2 믹스 샐러드는 흐르는 물에 깨끗이 씻어 물기를 제거한다.
3 문어를 적당히 잘라 그릇에 담고, 물기를 뺀 산마와 믹스 샐러드를 곁들인다.
4 분량의 재료를 섞어 소스를 만들고 골고루 뿌린다.

문어 삶기(1kg 기준)

1 문어는 굵은 소금으로 빨판을 세밀하게 문지르며 이물질을 제거한다.
2 흐르는 물에 3~4회 헹궈 염분을 제거하고 물기를 제거한다.
3 깊은 냄비에 물 10컵, 진간장 1컵, 미림 1컵, 정종 1컵을 넣고, 무 1/5개(4등분으로 자른다.)와 문어를 넣어 물이 끓으면 15분간 삶는다.
4 문어를 건지고 바로 식힌다.
5 쓸 양만 빼고 나머지는 소포장해서 호일로 싸서 냉동 보관한다.
6 문어 다시는 졸여서 소스로 사용하면 맛이 좋다.

Tip

소스를 만들 때 미림은 알코올을 날리고, 식초를 제외한 나머지를 넣고 끓인 후 식초를 첨가한다.

배새우두부무침

가을에 단맛이 오른 배를 이용한 웰빙 전채 요리

재료

배 1/4개
새우 4마리
완두콩 6알

소스

순두부 250g
땅콩버터 1/2큰술
진간장 1/3작은술
정종 1작은술
미림 1작은술
벌꿀 1작은술
시판 깨소스 2큰술
소금 조금

만들기

1 배는 껍질을 벗기고 0.5cm × 3cm로 자른다.
2 새우는 끓는 소금물에 가볍게 삶아 껍질을 벗기고 1cm 크기로 자른다.
3 완두콩은 삶아서 겉껍질과 속껍질을 벗겨 알맹이만 골라 놓는다.
4 순두부는 무거운 그릇이나 돌을 얹어 2시간 정도 물기를 빼놓는다.
5 4에 분량의 소스 재료를 넣고 잘 섞어 소스를 완성한다. 만들어진 소스 1큰술로 배와 새우를 버무린다.
6 완두콩을 올려 마무리한다.

Tip

두부의 물기는 더 이상 물이 나오지 않을 정도로 충분히 빼주어야 배합이 맞는다.

모듬버섯 게살 샐러드

연어알의 짭조름한 맛의 조화
몸에 좋은 버섯과 게살

재료

팽이버섯 1/4개
만가닥버섯 15g
느타리버섯 15g
표고버섯 1개
새송이버섯 1개
냉장 게살 2개
연어알 1작은술
레몬 껍질 조금
실파 조금

소스

가쓰오 다시 3큰술(181쪽 참고)
진간장 3큰술
현미 식초 1큰술
설탕 1작은술
다시마 1장(5cm)

재료 준비 | 30분   조리 시간 | 1시간

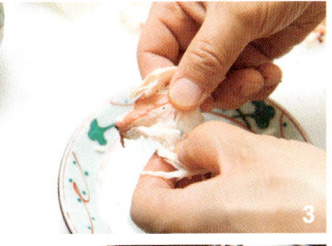 

Tip
다시마를 넣으면 끈적끈적해지는 성분이 나와 감칠맛이 올라온다.

만들기

1 느타리버섯, 만가닥버섯, 팽이버섯은 3등분 하고, 표고버섯은 모양 그대로 얇게 썰고 새송이버섯은 2등분 한 다음 얇게 자른다.
2 버섯은 끓는 물에 데친 다음 흐르는 물에 헹군다.
3 게살은 손으로 찢어 놓고 실파는 채 썬다.
4 레몬 껍질의 흰 부분을 제거하고 얇게 슬라이스 해서 살짝 데친다.
5 소스에서 식초를 제외한 모든 재료를 넣고 끓여 식힌 후 식초를 넣는다.
6 5의 소스 2큰술에 물기를 제거한 버섯과 게살을 5분간 담가두었다가 체에 밭친다.
7 6을 그릇에 담아 5의 소스 2작은술을 뿌리고 연어알과 채 썬 실파, 레몬 껍질을 곁들인다.

우엉 연근 볶음

단순하면서도 우엉과 연근의 식감을 잘 살린 요리

재료

우엉 1/4개
연근 1/4개
당근 10g
꽈리고추 3개
참기름 2큰술
시치미 조금

소스

가쓰오 다시 1/2컵(181쪽 참고)
진간장 1/3컵
설탕 4작은술
물엿 4작은술
깨 조금

재료 준비 | 20분   조리 시간 | 20분

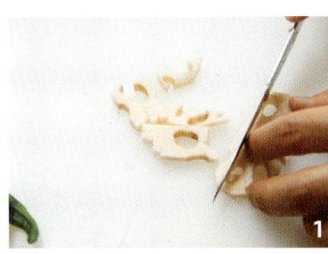

Tip

- 연근과 우엉은 잘라서 흐르는 물에 담가 특유의 떫은 맛을 빼준다.
- 일본 볶음 요리에도 참기름이 들어간다. 그러나 마무리 단계에서 참기름을 넣는 한식과는 달리 처음부터 넣어 참기름 특유의 향을 날려준다는 차이점이 있다.

만들기

1 연근은 껍질을 벗기고 모양대로 0.5cm로 썬다. 굵기가 두꺼우면 반으로 자른다.
2 우엉은 사선으로 얇게 자르고 채 썬다.
3 당근은 슬라이스 하여 살짝 데치고, 꽈리고추는 5등분 한다.
4 프라이팬에 참기름을 넣고 우엉과 연근을 볶는다.
5 분량의 소스 재료를 넣고 볶다가 3의 당근과 꽈리고추를 넣고 마무리 한다.
6 접시에 담고 시치미를 뿌린다.

낙지 미역 미소 무침

낙지와 백된장의 단순함에 부드러운 식감의 미역이 잘 어울리는 요리

재료

낙지 1/4마리
불린 미역 15g
레디쉬 1개
정종 조금
소금 조금

소스

백된장 2큰술
겨자 1작은술
현미 식초 1큰술
마요네즈 10g

재료 준비 | 30분   조리 시간 | 30분

Tip

건 미역을 불릴 때 찬물로 불린 다음 끓는 물에 살짝만 데치면 생 미역과 흡사한 맛이 난다.

만들기

1 낙지는 머리를 자르고 정종과 소금을 넣은 끓는 물에 살짝 데쳐 얼음물에 넣는다.
2 레디쉬는 모양 그대로 얇게 자르고 물에 헹군다.
3 분량의 소스 재료를 모두 섞어 소스를 만든다.
4 낙지는 2cm로 자르고, 미역도 비슷한 크기로 자른다.
5 그릇에 낙지, 미역을 놓고 소스를 뿌린 다음 레디쉬로 마무리한다.

전복 칼파쵸

양식 베이스에 간장을 넣은 퓨전 요리

재료

전복 2마리
정종 1컵
물 4와 1/2컵(900ml)
파프리카 각각 조금씩
(노란색, 빨간색, 녹색)
무 조금
소금 조금

소스

가쓰오 다시 1/3컵(60ml)
(181쪽 참고)
현미 식초 1큰술
미림 1큰술
연간장 1큰술
설탕 1작은술

만들기

1 전복은 껍질째 깨끗이 씻어 살과 내장을 분리한다.
2 솥에 물과 정종을 넣고 체 위에 다시마를 깔고 전복을 넣은 후 위에 무를 올린다.
3 뚜껑을 덮은 후 끓으려고 하면 불을 줄여 15분간 찐다.
4 분량의 재료로 소스를 만든다.
5 파프리카는 각각 다져 4의 소스와 섞는다.
6 찐 전복은 얇게 잘라 접시에 담고 소스를 곁들인다.

등심 샤브고기 샐러드

담백하게 즐길 수 있는 요리
지방이 많고 부드러운 등심을

재료

소고기 등심 6피스
미나리 조금
대파 조금
생강 조금

소스

가쓰오 다시 2컵(181쪽 참고)
땅콩버터 2큰술
진간장 2큰술
미림 2큰술(알코올 날린 것)
깨 간 것 2큰술
시판 깨 소스 2큰술
마늘 간 것 조금

만들기

1 등심은 끓는 물에 데쳐 바로 얼음물에 넣고 물기를 제거한다.
2 대파는 고기 길이만큼 잘라 얇게 채 썬다.
3 미나리도 고기 길이에 맞춰 같이 썬다.
4 생강은 얇게 채 썰어 헹군다.
5 고기 위에 채소를 놓고 말아 그릇에 담는다.
6 소스 재료를 모두를 섞어 체에 내려 소스를 만든 다음 그릇에 담아 5와 함께 낸다.

> *Tip*
> 고기는 끓는 물에 살짝 데쳐서 바로 얼음물에 식혀야 연하다.

가지 오징어 샐러드

잘 구워 오징어와 곁들인 요리 여름이 제철인 가지를

재료
물오징어 1/2마리
가지 1/2개
두릅 2개
체리 토마토 2개
연간장 조금
미림 조금

다시
가쓰오 다시 8컵(181쪽 참고)
미림 1컵
연간장 1컵

소스
오이 간 것 3큰술
진간장 3큰술
오렌지즙 1큰술
현미 식초 2작은술
참기름 1/2큰술

재료 준비 | 30분 조리 시간 | 30분

만들기
1 가지는 꼬챙이를 이용해 겉면에 구멍을 낸다.
2 구멍을 낸 가지는 철망 위에 놓고, 은근히 구워 껍질을 벗긴다. 다시 재료를 섞어 다시를 만든다. 가지에 만든 다시 1컵을 부어 하룻밤 재운다.
3 물기를 제거한 가지는 1cm × 3cm로 자른다.
4 오징어는 내장을 제거하고 껍질을 벗겨 일정하게 칼집을 낸 후 살짝 데쳐 1cm × 2cm로 자른다.
5 두릅은 밑면의 가시 부분을 칼등으로 손질한 다음 끓는 물에 살짝 데친다.
6 체리 토마토는 4등분 한다.
7 분량의 소스 재료를 모두를 섞어 소스를 만든다.
8 두릅과 오징어, 가지를 그릇에 담고 소스를 뿌린 다음 체리 토마토로 마무리한다.

해삼 들깨 소스 초회

데친 해삼과 들깨의 식감이 재미있는 상큼한 식전 요리

재료

해삼 2마리
오이 1/2개
산마 50g
다시마 1장
정종 조금
소금 조금

소스

들깨 1큰술
가쓰오 다시 3큰술(181쪽 참고)
현미 식초 2큰술
연간장 1큰술
미림 1큰술
진간장 1/2작은술

재료 준비 | 30분   조리 시간 | 30분

Tip
해삼의 식감을 잘 살리기 위해선 살짝만 데쳐 바로 얼음물에 넣는다.

만들기

1 해삼은 내장을 제거한 다음 1cm × 1cm로 자르고 정종을 넣은 끓는 물에 살짝 데친 다음 얼음물에 넣어 식힌다.
2 산마와 씨를 제거한 오이는 1cm × 1cm로 자른 다음 소금과 다시마를 넣은 물에 담가 20분간 절이고 물기를 제거한다.
3 소스 재료 중에서 식초를 제외한 나머지 재료는 냄비에 넣고 한 번 끓여 식힌 다음 식초와 들깨를 넣어 완성한다.
4 그릇에 해삼, 오이, 산마를 넣고 3의 소스를 뿌린다.

굴 레몬 초회

레몬 소스의 조화가 좋은 요리 살짝 데친 석화와 상큼한

재료

석화 8마리
레몬 1/4개
양파 1/4개
다시마 1장(5cm)
믹스 샐러드 조금

소스

샐러드 소스 1컵(150ml)
(187쪽 참고)
현미 식초 1컵(150ml)
진간장 1/2컵(100ml)
미림 1/2컵(100ml)
설탕 1큰술
소금 조금

재료 준비 | 30분 조리 시간 | 30분

Tip
레몬을 데치면 쓴맛이 사라진다.

만들기

1 굴은 끓는 물에 살짝만 데쳐 얼음물에 식힌 다음 바로 물기를 제거한다.
2 양파는 얇게 슬라이스 하고, 믹스 샐러드는 찬물에 담근 다음 물기를 뺀다.
3 레몬은 씨를 제거하고 얇게 슬라이스 하여 끓는 물에 데쳐 식힌다.
4 미림은 알코올을 날린 후 다른 소스 재료와 모두 섞어 소스를 만든다.
5 4에 2의 양파와 3의 레몬을 넣는다.
6 그릇에 굴과 믹스 샐러드를 담고 4의 소스를 곁들인다.

일본의 국물을 조리하는 방법 중
가장 특이한 점은 모든 재료를
각자 데치고 나중에 합쳐
국물을 완성한다는 것이다.

국물 요리

국물 요리 이야기

　일본의 대표적인 국물 요리라고 하면 미소시루를 떠올릴 것이다. 일본에는 미소시루 외에도 여러 가지 국물 요리가 많다. 일본의 식당들은 식재료가 가진 본연의 맛을 찾기 위한 몸부림이 대단하다.

　코스 요리 중에는 '스이모노'라고 하는 국물 요리의 완성도가 상당히 높다. 일본의 관동 지방은 물이 경수(보통의 물. 목넘김이 묵직하고 뻑뻑하다.)이기에 가쓰오부시로 국물을 내고 진간장(こいくち)으로 우동 다시나 소바 다시를 만들어 색이 탁한 반면, 관서 지방은 물이 연수(부드러운 물. 목넘김이 매우 부드럽다.)라 연간장(うすくち)으로 만들어 색이 엷다.

　일본의 국물을 조리하는 방법 중 가장 특이한 점은 모든 재료를 각자 데치고 나중에 합쳐 국물을 완성한다는 것이다. 우리나라는 일반적으로 모든 식재료를 넣어 끓이지만, 일본은 각 재료의 강한 맛을 감하고 나서 합치는 것이다.

　미소시루를 만들 때도 가쓰오향이 날아가면 맛이 덜하기에 펄펄 끓이지 않고 은근히 끓인다. 보글보글 끓이는 우리나라와의 차이라고 할 수 있다.

대합국

진하게 끓인 국물
봄이 제철인 대합으로

재료

- 대합 5개
- 물 5컵(900ml)
- 다시마 1장(10cm × 10cm)
- 정종 2큰술
- 참나물 조금
- 유자 껍질 조금
- 대파 흰 부분 조금

만들기

1 대합은 흐르는 물에 깨끗이 씻어 바닷물 염도의 소금물에 담가 모래와 이물질을 뺀다.

2 물과 대합, 다시마를 넣고 끓이다가 거품이 올라오면 정종을 붓고, 다시 거품을 제거하고 대합이 벌어지면 5분간 끓인다. 살을 껍질과 분리하고, 그대로 조려 본인의 입맛에 맞춘다.

3 다시마는 건져낸다.

4 대파는 얇게 채 썰고 물에 담가 놓는다.

5 유자는 얇게 채 썰고 참나물은 모양 그대로 뜯어 놓는다.

6 그릇에 껍질과 살을 넣고 4와 5에서 준비한 재료와 2의 국물을 붓는다.

> *Tip*
> 대합을 오래 끓이면 살이 많이 질겨진다.

미소시루

가장 일반적인 간편하고 맛있는 국물

재료

미소시루 베이스

국산 된장 1kg
일본 미소시루용 된장 1kg
정종 2큰술
미림 1큰술

다시마 2장
가쓰오부시 100g
가쓰오 다시 5컵(900ml)
(181쪽 참고)
정종 1큰술
미림 1큰술
건 미역 조금
연두부 조금
팽이버섯 조금

재료 준비 | 30분　조리 시간 | 30분

Tip

- 된장 베이스는 냉장 보관하며, 시간이 지나 숙성되면 맛이 더 좋아진다.
- 미소시루에 낫토를 첨가하면 낫토 미소시루가 된다.
- 미소시루에 각종 해산물과 모듬 채소를 넣으면 해산물 나베(냄비)가 된다.

만들기

1 미소시루 베이스 재료를 모두 섞어 된장 베이스를 만든다. 이때 다시마는 2cm × 2cm로 잘라 넣는다.

2 가쓰오 다시 5컵에 미소시루 베이스 1큰술, 정종, 미림을 넣고 끓으면 바로 끄고 체로 거른다.

3 건 미역은 불려 적당히 자르고, 팽이버섯은 3등분 한다.

4 두부는 1cm × 1cm로 자른다.

5 그릇에 두부, 미역, 팽이버섯을 넣고 미소시루 국물을 붓는다.

꽃게 미소시루

미소시루 베이스에 꽃게와 냉이를 넣어 감칠맛을 첨가한 요리

재료

꽃게 1마리
가쓰오 다시 5컵(900ml)
(181쪽 참고)
미소시루 베이스 1큰술
(65쪽 참고)
대파 1/3개
냉이 조금
정종 1작은술
미림 1작은술

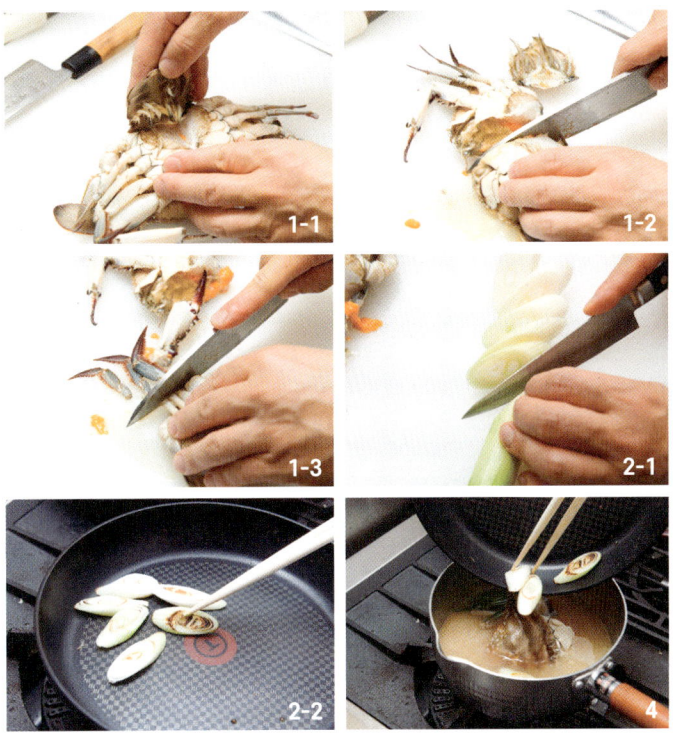

재료 준비 | 30분 조리 시간 | 30분

만들기

1 꽃게는 잘 씻어 배 쪽 꼭지를 떼고, 발 부분은 잘라준 다음 4등분 한다.
2 대파는 0.5cm로 어슷 썰어 프라이팬에 볶는다.
3 냉이는 잘 손질해서 끓는 물에 데쳐 1cm로 잘라 놓는다.
4 가쓰오 다시에 꽃게를 넣고 끓이다가 정종, 미림을 붓고 거품을 제거하면서 대파, 냉이도 넣어 끓으면 불을 끄고 그릇에 담아낸다.

Tip
냉이가 없으면 우엉이나 버섯류도 좋다.

옥도미 맑은 국

시원한 맛이 나게 만든 요리
담백한 생선에 정종을 첨가해

재료

옥도미 1마리
무 1/4개
구운 대파 1/2개
유자 껍질 조금

육수

물 5컵(900ml)
정종 3큰술
다시마 1장
소금 조금

재료 준비 | 40분 조리 시간 | 1시간 20분

만들기

1 옥도미는 비늘과 내장을 제거하고 머리를 자른 후 세 장 뜨기 한다. 머리와 뼈는 손질해서 물에 담가 피를 뺀다.(세 장 뜨기는 152쪽 참고)
2 옥도미는 30g(1인분) 정도로 자르고 소금을 뿌려 놓는다.
3 머리와 뼈는 170도 오븐에서 15분간 굽는다.
4 물에 다시마, 머리와 뼈, 토막낸 무를 넣고, 1시간 동안 끓여 육수를 만든다. 무가 다 익으면 2cm × 2cm로 자른다.
5 2의 옥도미 살은 160도 오븐에서 5분간 굽는다.
6 대파는 0.5cm로 어슷 썰어 프라이팬에 볶는다.
7 육수에 물, 옥도미, 대파를 넣고 끓인다.
8 그릇에 담고 무, 유자 껍질을 첨가한다.

Tip

· 비리면 정종을 더 넣는다.
· 오븐이 없으면 머리와 뼈는 굽지말고 그냥 육수를 만든다.
· 옥도미 살은 프라이팬에 약간의 물을 넣고 굽는다.

모둠냄비

우동 국물에 채소를 첨가한 각종 해물과 요리

재료

갑오징어 30g
새우 2마리
대합 1개
닭다리살 30g
대파 50g
느타리버섯 30g
당면 20g
표고버섯 2개
배추 60g
쑥갓 2g
우동 다시 3컵(182쪽 참고)

재료 준비 | 50분   조리 시간 | 10분

만들기

1 느타리버섯은 찢고 대파는 어슷 썰고, 당면은 물에 불려 5cm로 자르고, 배추는 3cm로 자른다. 표고버섯은 모양을 낸다.
2 갑오징어는 손질해서 칼집을 넣고 데쳐 3cm × 3cm로 자른다.
3 새우는 데치고 껍질을 벗기고 새우 등의 내장을 제거한다.
4 닭고기는 껍질을 제거하고 끓는 물에 데친 다음 1cm × 1cm로 자른다.
5 냄비에 준비한 재료를 넣고 끓으면 거품을 제거한 후 쑥갓을 넣어 마무리한다.

Tip
대합은 마무리 5분 전에 넣는다.

대구지리

담백한 생선에 잘 어울리는 요리 일본 국물 요리 중 하나인 지리는

재료

- 대구 1마리(살 300g)
- 두절 콩나물 50g
- 배추 70g
- 무 50g
- 느타리버섯 40g
- 판두부 1/4모
- 물 3과 1/3컵(600ml)
- 다시마 1장
- 쑥갓 20g
- 정종 1/3컵(50ml)
- 소금 1작은술
- 유자 껍질 조금(또는 레몬)

소스

- 폰즈 소스 1/3컵(60ml) (186쪽 참고)
- 아까오로시 10g
- 실파 조금

재료 준비 | 1시간 30분   조리 시간 | 30분

만들기

1. 대구는 비늘을 벗기고 아가미, 내장을 제거한 후 머리는 머리대로, 살은 3~4등분 하여 끓는 물에 살짝 데친 후 얼음물에 식힌다. 손질된 대구를 구입하여 물에 30분간 담가두면 피가 잘 빠진다.
2. 배추와 무는 썰어서 80% 정도 익혀 놓는다.
3. 물에 다시마와 손질한 대구 머리를 넣고 1시간 동안 끓여 육수를 만든다.
4. 무를 강판에 갈아 흐르는 물에 담근 다음 건져서 물기를 짜고 고춧가루를 조금 넣어 아까오로시를 만든다.
5. 냄비에 3의 육수와 대구를 넣고 약한 불에서 10분간 끓인 다음 거품을 제거한 후 모든 채소를 넣고 끓으면 유자 껍질과 쑥갓을 넣어 마무리한다.
6. 그릇에 폰즈 소스, 아까오로시와 실파를 곁들인다.

Tip

- 대구를 한 번 데치는 이유는 비린 맛을 제거하기 위해서이다.
- 도미, 복어, 물메기는 모두 같은 방법으로 조리하면 된다.

비싼 생선을 아무리 잘 손질하더라도
스시 맛의 핵심인 밥이 맛이 없으면
주방의 모든 노력은 수포로 돌아간다.

식사

초밥 이야기

　스시 맛의 60%를 차지하는 초밥의 중요성은 아무리 강조해도 지나치지 않다. 밥알 하나하나가 살아 있어야 진정 맛있는 스시가 된다. 가급적 쌀알이 작고 깨지지 않아야 끈적임이 없고 맛이 좋다.

　고객 앞에서 스시를 짓기까지, 한 사람의 스시인으로 태어나기 위해 10년이 걸린다는 이야기가 있다.
　밥짓기 3년, 생선기술 3년, 스시 짓기 3년, 정신수양과 고객 응대 1년.
　사람마다 각자 역량의 차이는 있지만 기본이 중요하다는 말이다. 얼마나 스시 짓기가 중요한 지를 강조한 이야기이다.

　비싼 생선을 아무리 잘 손질하더라도 스시 맛의 핵심인 밥이 맛이 없으면 주방의 모든 노력은 수포로 돌아간다. 그래서 샤리(흰쌀알. 쌀밥을 뜻한다.)를 담당하는 사람은 사명감을 가져야 한다.

사회 초년생이던 시절 하루일과가 밥짓기부터 시작하던 그 때, 선배의 한 마디 '오늘 초밥 굿!'으로 시작하면 하루 종일 '굿'으로 마무리가 되던 그때가 생각난다.

재료
쌀 2와 1/3컵(500g)
물 3과 1/3컵(640ml)

초밥 소스
현미 식초 1컵(180ml)
소금 2와 1/3큰술(35g)
설탕 1과 2/3큰술(25g)

만들기
1 쌀을 씻어 30분간 체에 밭친다.
2 밥솥에 넣어 물을 붓고 30분이 지나면 취사(35분) 버튼을 누른다.
3 초밥 소스 1/3컵(60ml)을 부어 밥을 완성한다.

대게 돌솥밥

대게와 가쓰오다시 간장을 배합한 일본식 돌솥밥

재료

대게 1마리

생강 1/2개

쌀 2와 1/3컵(500g)

가쓰오 다시 2컵(390ml)
(181쪽 참고)

정종 2큰술

미림 1과 1/2큰술

연간장 2큰술

참나물 조금

재료 준비 | 40분   조리 시간 | 1시간 30분

만들기

1 게는 찜통에서 10분간 쪄서 살을 발라낸다.

2 생강은 껍질을 벗겨 채 썰고 물에 담가둔다. 참나물은 잘게 다진다.

3 가쓰오 다시에 게 껍질을 넣고 20분간 끓인 다음 꺼내서 정종, 미림, 간장을 넣어 밥물을 만든다.

4 쌀은 씻어 30분간 물에 담그고, 체에 5분간 받쳐서 돌솥에 밥물과 함께 넣는다.

5 불에 올리고 센 불에서 15분 정도 지나 끓기 시작하면 게살을 넣고, 중불로 10분, 뜸들이기 10분으로 마무리한다.

6 생강과 참나물을 넣고 뚜껑을 1분간 닫고 잘 섞는다.

Tip

센 불로 한 다음 육수가 넘치지 않도록 하는 게 중요하다. 육수가 넘치면 밥이 되진다.

소고기 덮밥

간단히 할 수 있는 요리
고기와 양파·달걀만 있으면

재료

밥 2공기(400g)
소고기 안심 140g
양파 1개
달걀 2개
참나물 10g

덮밥 소스

가쓰오 다시 1과 1/3컵(300ml)
(181쪽 참고)
진간장 1/3컵(50ml)
정종 1/3컵(50ml)
미림 1과 2/3큰술(25ml)
설탕 1큰술(15ml)

재료 준비 | 10분   조리 시간 | 20분

만들기

1 소고기는 1cm × 4cm로 자른다.
2 양파는 0.5cm로 자른다.
3 참나물은 듬성듬성 자른다.
4 달걀은 조금만 풀어 놓는다.
5 덮밥 소스에 양파를 넣어 끓으면 고기를 넣고 거품을 제거한다. 달걀을 넣고 불을 줄여 흰자까지 익으면 참나물을 넣는다.
6 따뜻한 밥에 구멍 국자를 이용해 5를 올리고, 국물을 적당히 뿌린다.

Tip

국물의 양은 그릇을 기울여 국물이 살짝 보이는 정도가 좋다.

스키야키

날 달걀을 찍어 먹는 요리
등심 고기를 간장에 조린 다음

재료

소고기 등심 300g
(0.5cm로 자른 것)
달걀 2개
판두부 1/4모
우엉 40g
양파 1/2개
대파 1개
느타리버섯 40g
가쓰오 다시 1컵(200ml)
(181쪽 참고)
쑥갓 조금

소스

스키야키 소스 베이스 1컵(200ml)
: 진간장 2컵
: 미림 4컵
: 설탕 1컵
: 다시마 1장(10cm)
가쓰오 다시 1컵(200ml)

재료 준비 | 40분 조리 시간 | 30분

만들기

1 우엉은 껍질을 벗겨 연필을 깍듯이 잘라 물에 담가둔다.
2 양파는 0.5cm로 자른다.
3 대파도 0.5cm 두께로 어슷 썬다.
4 판두부는 2cm × 2cm로 자르고 프라이팬에 노릇노릇 굽는다.
5 가쓰오 다시와 스키야키 소스 베이스를 섞는다.
6 냄비에 고기 놓을 자리를 빼고 1, 2, 3, 4의 모든 재료를 넣고 5를 부어 끓인다.
7 6에 고기를 넣고 끓으면 쑥갓을 올려 마무리한다.
8 날 달걀은 따로 준비한다.

> **Tip**
> 고기 익는 정도는 개인의 취향에 따른다.

찬 잣소면

여름에 시원하게 즐길 수 있는 소면

재료

소면 80g
새우 4마리
오이 1/2개
매생이 20g
구기자 3알
잣 10알

소스

잣 90g
우유 5와 1/3컵(1000ml)
두유 1과 1/3컵(250ml)
가쓰오 다시 1큰술(181쪽 참고)
설탕 1큰술
소금 2g

재료 준비 | 30분   조리 시간 | 30분

만들기

1 새우는 부드럽게 삶고 껍질을 벗겨 등을 반으로 자르면서 내장도 같이 제거한다.
2 매생이는 이물질을 제거하고 약한 소금물에 30분간 담가둔다.
3 오이는 돌려까기 해서 채 썬다.
4 구기자는 물에 불린 후 소스(물 6작은술, 연간장 1작은술, 미림 1작은술)에 담갔다가 사용한다.
5 잣은 프라이팬에서 볶는다.
6 분량의 소스 재료를 모두를 섞어 믹서기에 간다.
7 소면을 삶아 그릇에 담고 6을 부은 후 새우, 매생이, 잣, 구기자를 올린다.

Tip

무더운 여름이면 얼음 간 것을 조금 넣어서 시원하게 즐기면 더 좋다.

반건조 오징어 온소바

살짝 구운 반건조 오징어를 찢어서 소바에 곁들인 요리

재료

반건조 오징어 1마리
소바 면 80g
청경채 40g
우엉 30g
우동 다시 3과 1/4컵(600ml)
(182쪽 참고)

만들기

1 오징어는 프라이팬에 구워서 잘게 찢는다.
2 청경채는 끓는 소금물에 살짝 데친 후 얼음물에 식히고, 물기를 제거한다.
3 우엉은 연필깎기 해서 전분을 묻혀 튀긴다. 이때 프라이팬에서 볶아도 된다.
4 소바 면은 끓는 물에 삶아 헹군다.
5 우동 다시에 4를 넣었다 뺀다.
6 그릇에 소바 면을 넣고 5의 우동 다시가 끓으면 오징어를 넣고 우엉과 청경채를 곁들인다.

Tip

소바 면을 식감 있게 삶으려면 제품에 나와 있는 레시피를 따르되 센 불에서 삶는다. 거품이 넘쳐흐르면 찬 물을 부어가며 삶는다.

주꾸미 봄채소 덮밥

봄이 제철인 식재료를 이용한 요리

재료 준비 | 30분 조리 시간 | 20분

재료

주꾸미 200g
달래 20g
봄동 20g
냉이 20g
두릅 10g
양파 40g
우엉 20g
달걀 2개

덮밥 소스

가쓰오 다시 1과 1/3컵(300ml)
(181쪽 참고)
진간장 1/3컵(50ml)
정종 1/3컵(50ml)
미림 1과 2/3큰술(25ml)
설탕 1큰술(15g)

만들기

1 주꾸미는 끓는 소금물에 살짝 데친 후 먹기 좋은 크기로 자른다.
2 우엉은 연필깎이 해서 물에 담근다.
3 양파는 0.5cm로 자른다.
4 봄 채소는 적당한 크기로 자른다.
5 덮밥 소스에 우엉, 달래, 양파를 넣고 끓인 후 1, 2, 3, 4에서 준비한 주꾸미, 봄동, 냉이, 두릅을 넣어 끓인다. 달걀을 넣고 마무리한다.
6 밥 위에 구멍 국자를 이용해 5의 건더기만 올리고 국물은 조금만 보일 정도로 붓는다.

> *Tip*
> 주꾸미는 오래 삶지 않는다.

낫토 산마 소바

건강식으로 꼽히는 식재료를 듬뿍 넣은 소바

| 재료 준비 | 30분 | 조리 시간 | 30분 |

재료

소바 면 80g
산마 간 것 100g
낫토 2팩
만가닥버섯 20g
김 4g
대파 1/2개
와사비 1/2작은술
소바 다시 1/2컵(100ml)
(183쪽 참고)

만들기

1 낫토를 듬성듬성 다진다.
2 산마는 강판에 간다.
3 대파는 흰 부분을 얇게 채 썬 후 찬물로 씻는다.
4 김은 얇게 채 썰고 만가닥버섯은 데쳐 놓는다.
5 소바 면은 끓는 물에 삶은 후 전분기를 깨끗이 씻는다.
6 그릇에 소바 면을 넣고, 산마, 낫토 대파, 김, 와사비 순으로 올리고, 소바 다시를 붓는다.

Tip
전체적으로 잘 섞는 게 좋다.

고기 수박 우동

수박껍질의 흰 부분을 갈아 만든 요리
여름이 제철인 수박을 이용한 요리

재료 준비 | 40분   조리 시간 | 20분

재료

소고기 샤브용 100g

수박 흰 부분 긁어낸 것 100g

수박 40g

새우 2마리

물 2와 1/2(500ml)

다시마 1장

건 가리비 2개(건 멸치도 좋다)

건 새우 10마리

오쿠라 1개

우동면 200g

연간장 1/2작은술

후추 조금

만들기

1 샤브용 고기는 데쳐 찬물에 담근 후 물기를 뺀다.

2 새우는 소금물에 삶아 껍질을 제거하여 반으로 자르고, 오쿠라는 0.3cm로 자른다.

3 물에 다시마, 가리비, 건 새우를 넣고 30분간 끓인 다음 체에 거른다.

4 3에 연간장 1/2작은술을 넣어 간을 맞춘다.

5 수박의 흰 부분과 4를 믹서에 간다.

6 우동을 삶고 물기를 뺀 후 그릇에 담는다. 고기, 새우, 수박, 오쿠라를 올리고 5를 붓는다.

Tip

육수는 시원하게 살얼음이 낄 정도로 만들면 더 맛있다..

살치살 덮밥

사시미처럼 얇게 잘라 만든 덮밥 요리
부드러운 살치살을 간장 양념으로 구워서

재료

밥 2공기(400g)
소고기 살치살 140g
씻은 김치 40g
양파 1/2개
백만송이버섯 30g
실파 10g

고기 소스

건 표고버섯 2개
진간장 1컵
물엿 1/2컵
설탕 2/3컵(120g)
물 1과 1/4컵(225ml)
대파 50g
와사비 20g
마늘 25g
생강 25g
통후추 2g

재료 준비 | 1시간   조리 시간 | 30분

만들기

1 분량의 소스 재료는 모두 섞어 한 번 끓인 다음 약한 불에서 10분간 졸이고 체에 밭쳐 고기 소스를 만든다.
2 핏기를 제거한 고기는 네 토막 내서 1에 넣고, 1시간 동안 재운 후 건져 낸다.
3 김치는 잘게 다지고, 양파는 0.5cm로 자르고, 실파도 얇게 자른다. 백만송이버섯은 한 번 데친다.
4 고기를 프라이팬에 익힌 다음 사시미를 썰듯이 자르고 가볍게 또 익힌다.
5 프라이팬에 1의 소스 1/3컵(50ml)을 넣고 3의 김치, 양파, 백만송이버섯을 넣고 조린다.
6 밥에 4을 얹고, 5을 뿌린 다음 실파로 마무리한다.

Tip

고기를 프라이팬에 구울 때 고기 양념 때문에 타기 쉬우므로 뒤집어 가며 굽는다.

야끼오니기리

특별한 맛을 더할 수 있는 요리
식은 흰쌀밥이 있을 때

재료

밥 1공기(210g)
연어살 20g
명란젓 10g
가쓰오부시 10g
진간장 조금
소금 조금
깨 조금

재료 준비 | 30분   조리 시간 | 20분

만들기

1 연어는 프라이팬에 소금을 뿌려 굽고 찢어 놓는다.
2 가쓰오부시는 진간장을 넣고 간이 베도록 한다.
3 명란젓은 씻어서 반을 갈라 껍질 부분을 제거하고 프라이팬에 굽는다.
4 밥에 깨를 넣고 70g씩 나눠 동그랗게 만든 다음 1, 2, 3에서 준비한 재료를 각각 넣어 삼각 모양으로 만든다.
5 샐러드 오일을 살짝 두르고 조리용 붓으로 간장을 살짝 발라가며 프라이팬에 약한 불로 은근히 굽는다.

Tip

간장을 너무 많이 바르면 짤 수도 있으니 적당히 바른다.

캘리포니아 롤

다양한 재료를 사용하는 초밥 요리
생선·채소·과일 등

재료

초밥 1공기(150g)(77쪽 참고)
김 1장
달걀 1개
아보카도 1/4개
오이 1/4개
날치알 30g
단무지 20g
설탕 조금
소금 조금

재료 준비 | 1시간 30분   조리 시간 | 20분

만들기

1 달걀에 설탕과 소금을 조금 넣어 지단을 만든다.
2 오이는 채 썬다.
3 김발 위에 김을 깔고 초밥 4/5를 김의 8부 정도로만 펼친다.
4 김발에 랩을 깔고 김이 위로 올라 오게 놓는다.
5 나머지 초밥을 얇게 깔고 1과 2의 준비된 재료와 아포카도, 단무지를 올린다.
6 잘 말아서 랩을 벗기고 자른다.
7 날치알을 올린다.

맛있는 요리를 위해
요리사의 조리 스킬이 얼마나
중요한지를 깨닫는 순간이었다.

구이와 조림

구이와 조림 이야기

교토에서의 기억이다. '나카히가시'라고 하는 미슐랭 2스타 식당에서 연수를 하던 시절로, 점심 영업이 끝나고 남은 옥도미 숯불구이를 한 점 맛보았는데 완전히 감동이었다.

물론 교육생이라 늘 배고프다지만 생선구이 요리가 식으면 비린 맛이 난다고 알고 있었는데, 전혀 비리지 않았고 숯불향이 제대로 묻어나 있었다. 누군가로부터 뒤통수를 맞은 듯한 맛이었다.

재료의 중요성은 당연한 부분이고, 맛있는 요리를 위해 요리사의 조리 스킬이 얼마나 중요한지를 깨닫는 순간이었다.

　집에서 숯불구이를 하기에 한계가 있다. 그래서 나는 생선 표면을 석쇠 판으로 먼저 굳힌 다음 서서히 조려가며 요리하는 방법을 추천한다.

　그때의 기억을 생각하다 보니 잘 구운 연어 구이에 따뜻한 사케 한 잔으로 하루를 마감하는 어느 일본 드라마가 생각나는 늦은 밤이다.

볼락 간장 조림

볼락을 이용한 일본식 간장 조림 살이 연해 조림을 하면 간이 잘 배는

재료 준비 | 30분 조리 시간 | 40분

재료

볼락 2마리
생강 1개
우엉 20g
마늘쫑 20g

소스

진간장 2큰술
설탕 2큰술
물엿 3큰술
정종 1/2컵(100ml)
물 2와 1/4컵(400ml)

만들기

1 볼락은 비늘을 벗기고 내장을 제거한다.
2 생강 1/3은 조릴 때 쓰고 나머지는 껍질을 벗겨 채 썰어 물에 담가둔다.
3 우엉은 껍질을 벗기고 4등분 하여 물에 담가두고, 마늘쫑은 3cm로 자른다.
4 냄비에 물과 설탕, 생강 1/3, 정종, 볼락, 우엉을 넣고 조린 후 거품을 제거하면서 5분간 약한 불로 조린다.
5 간장을 넣고 15분간 조린 후 물엿과 마늘쫑을 넣고 마무리한다.
6 그릇에 볼락과 우엉, 마늘쫑, 채 썬 생강을 넣고 국물을 붓는다.

Tip

· 조릴 때 생선 위에 구멍 낸 기름종이나 호일을 덮고 조리면 간이 잘 밴다.
· 물엿을 넣고 5분간 국물을 생선에 뿌려가며 마무리한다.

고등어 미소 조림

된장 양념으로 잡은 요리
약간 비린 고등어의 맛을

재료

고등어 1마리(300g)
무 1/4개
꽈리고추 3개
생강 1개

소스

백된장 2큰술
물 2컵(360ml)
정종 3큰술
설탕 2큰술
연간장 1작은술

재료 준비 | 40분　조리 시간 | 30분

Tip

- 고등어를 한 번 데치는 이유는 고등어의 부드러운 살이 부서지지 않게 하기 위해서이다.
- 일반적으로 백된장을 사용하지만, 백된장이 없다면 시중에서 판매되는 된장을 사용한다. 대신 조리할 때 설탕을 두 배 이상 넣어준다.

만들기

1 고등어는 머리와 내장을 제거한 후 네 토막을 낸 후 끓는 소금물에 담갔다가 얼음물에 식힌다.

2 무는 3cm × 3cm로 자른다.

3 분량의 소스 재료는 모두 섞고 냄비에 넣는다.

4 3에 고등어와 무, 생강을 넣고 서서히 조린다. 마지막에 꽈리고추를 넣고 소스를 생선에 뿌리며 마무리한다.

일본풍 등심 스테이크

고기의 맛이 잘 어우러진 좋은 요리
마늘이 들어간 상큼한 소스에 기름진

재료

소고기 등심 200g
새송이버섯 1개
파프리카 1/4개(빨간색)
양파 1/4개
버터 20g
소금 조금
후추 조금
올리브 오일 조금
로즈마리 조금

소스

양파 간 것 1개
마늘 간 것 3개
생강 간 것 1/2개
현미 식초 1/2컵
레드와인 3큰술
진간장 1/2컵
미림 3큰술
술 3큰술
설탕 3큰술

Tip
- 고기 굽는 정도는 선호도에 따라 조절한다.
- 일식 느낌이 많이 나는 소스로 다른 고기 요리에도 사용하면 좋다.

재료 준비 | 30분 조리 시간 | 30분

만들기

1 등심에 소금과 후추를 뿌리고, 로즈마리를 올려 냉장고에 둔다.
2 새송이버섯은 모양 그대로 0.5cm 두께로, 파프리카는 2cm × 2cm로, 양파는 두께 1cm로 자른 후 이쑤시개로 꽂는다.
3 2는 버터를 두른 프라이팬에 굽는다.
4 올리브 오일을 조금 넣은 냄비에 양파, 마늘을 약한 불로 볶고 브라운색이 나면 식초를 제외한 모든 소스 재료를 넣어 30% 정도 졸인다. 식초를 넣고 마무리한다.
5 프라이팬에 고기를 굽고, 0.5cm 두께로 잘라놓는다. 고기의 익힘은 레어 정도로 익힌다.
6 4의 소스를 프라이팬에 1/2컵을 붓고 5의 고기를 넣어 조린다.
7 그릇에 고기와 채소를 놓고 4의 소스를 곁들인다.

삼치 된장구이

적된장 소스에 절여 부드럽게 만든 요리 구우면 살이 딱딱해지는 삼치의 살을

재료

삼치 200g
만가닥버섯 20g
영양부추 40g
올리브 오일 2작은술

소스

시판 된장 3큰술
미림 1큰술
정종 1큰술
설탕 1큰술

재료 준비 | 1시간 30분   조리 시간 | 30분

만들기

1 된장과 미림, 정종, 설탕을 섞는다.
2 삼치와 버섯에 **1**의 소스를 발라 1시간 동안 그대로 둔다.
3 영양부추는 7cm로 자른 다음 흐르는 물에 헹군다.
4 프라이팬에 올리브 오일을 두르고 **2**를 굽는다.
5 그릇에 부추를 깔고 **4**를 올려 마무리한다.

Tip
삼치를 너무 오래 익히면 딱딱해지니 굽기 조절이 중요하다.

금태술찜

술찜으로 하여 더 부드럽게 만든 부드러운 식감을 가진 금태를 요리

재료
금태 1마리
산마 간 것 30g
파프리카 10g(빨간색)
정종 2큰술
소금 조금

소스
가쓰오 다시 2/3컵(120ml)
(181쪽 참고)
레몬 1조각
연간장 1큰술
설탕 1작은술
감자전분 조금

재료 준비 | 30분   조리 시간 | 30분

만들기

1 금태는 비늘을 벗기고 머리와 내장을 제거하여 네 토막으로 자른 다음 끓는 소금물에 데쳐 얼음물에 식힌다.
2 파프리카는 다진다.
3 금태는 소금을 조금 뿌려 10분간 간을 한다.
4 스테인레스 틀에 **3**을 놓고 정종을 뿌린 다음 찜기에 넣는다.
5 **4**에 산마와 파프리카를 올리고 센 불로 10분간 찐다.
6 분량의 소스 재료를 모두 섞고 감자전분을 적당히 풀어 끓인다.
7 그릇에 **5**를 담고 **6**을 뿌린다.

Tip
금태 살은 부드러우니 옮길 때 조심해야 한다.

예전에 오쿠라 호텔의 주방장은
한 인터뷰에서 이렇게 이야기했다.

"40년을 넘게
튀김 요리를 하고 있지만
아직도 잘 모르겠다."

튀김

튀김 이야기

　집에서 조리할 때 가장 하기 힘든 요리가 있다. 대표적으로 스시, 숯불구이, 튀김 등을 꼽을 수 있다. 그 중에서 가장 번거롭고 손이 많이 가는 요리가 튀김이다. 집에서 큰맘 먹고 하는 요리로, 생각처럼 녹록하지 않다.

　하지만 튀김은 신발을 튀겨도 맛있다는 우스갯소리가 날만큼 맛없는 식재료도 제대로만 튀기면 정말 맛있는 요리로 만들 수 있다.

　튀김은 조리 과정도 복잡할 뿐만 아니라 튀기고 남은 기름 처리가 쉽지 않다.

주로 사용하는 방법은 보통 1리터의 기름을 사용하고 남은 기름을 그대로 식힌 다음, 다음날 깨끗한 거즈로 걸러 다 쓴 식용유 통에 담아 냉장고 안에 보관한다. 이렇게 하면 사용했던 기름의 산화를 막아서 재활용이 가능하다. 물론 튀기는 방법에 따라 다르지만 원재료를 그대로 튀기거나 감자전분을 묻혀 튀기지 않는다면 기름을 좀 더 오래 사용할 수 있다.

맛있는 튀김을 요리한다는 것이 절대 쉬운 일이 아니다. 예전에 오쿠라 호텔의 주방장이 인터뷰에서 한 말을 듣고 진심으로 튀김 요리에 대한 열정을 느낄 수 있었다. 그는 이렇게 이야기했다.

"40년을 넘게 튀김 요리를 하고 있지만 아직도 잘 모르겠다."

문어 튀김

부드럽게 조린 문어를 튀겨 더 맛있게 즐기는 요리

재료

문어 1마리(1kg)
무 1/2개
다시마 1장
식용유 5컵(900ml)

문어 삶는 소스

물 2와 1/2컵(450ml)
진간장 1큰술(18ml)
미림 1큰술(18ml)
정종 1큰술(18ml)
설탕 2큰술(36ml)

튀김 반죽

달걀물
  물 5컵(900ml)
  달걀 1개
  탄산수 1큰술(15ml)
박력분 조금

재료 준비 | 30분   조리 시간 | 1시간

6-1

6-2

6-3

만들기

1 문어는 굵은 소금으로 깨끗이 다듬는다.
2 머리를 자르고 다리는 하나씩 절단한다.
3 큰 냄비에 문어를 넣고 문어 삶는 소스와 다시마, 무를 넣고 끓인다.
4 3이 끓으려고 하면 불을 줄여 거품을 제거하고 호일로 덮어 30분간 조린다.
5 물과 달걀, 탄산수를 섞어 체에 내려 달걀물을 만든다.
6 문어는 1cm로 잘라 박력분을 묻히고 튀김 반죽을 입혀 180도 기름에 노릇하게 튀긴다.

Tip

문어에 간이 되어 있으므로 소스는 필요 없다.

전복 시소말이 튀김

얇게 저민 전복을 시소 잎에 말아 산뜻하게 만든 요리

재료

전복 2마리
시소 6장
달걀물 1컵(119쪽 참고)
박력분 1/2컵(100g)
식용유 5컵(900ml)

튀김 소스

튀김 다시 1/2컵
: 가쓰오 다시 4작은술
  (181쪽 참고)
: 미림 1작은술
: 진간장 1작은술
무 간 것 40g

만들기

1 전복은 깨끗이 손질하고 껍질에서 분리한 다음 쓸개 부분을 제거하고 내장과 살을 분리한다.
2 전복과 시소를 붙이고 박력분을 바르고 말아 이쑤시개로 꽂는다. 내장은 그대로 박력분만 묻힌다.
3 달걀물에 박력분을 넣어 튀김 반죽을 만든다.
4 160도에서 10초간 튀긴 후 180도에서 한 번 더 튀긴다.
5 분량의 재료를 섞어 만든 튀김 소스와 곁들인다.

Tip
두 번 튀기면 더 바삭하다.

소고기 튀김

안심을 이용한 색다른 튀김 요리

재료

소고기 안심 150g
박력분 40g
달걀노른자 1개
식용유 5컵(900ml)
실파 10g
마늘 간 것 10g
소금 1작은술
참깨 조금
후추 조금
참기름 조금

곁들임 채소 튀김

꽈리고추 2개
레몬 1/4개
맛소금 조금

재료 준비 | 20분   조리 시간 | 30분

만들기

1 안심은 잘게 다져 소금과 후추로 간을 한다.
2 1에 나머지 재료를 넣고 섞는다.
3 꽈리고추는 이쑤시개를 이용해 구멍을 낸다.
4 레몬은 이등분한다.
5 170도 기름에 동그랗게 모양을 낸 안심을 튀긴다.
6 꽈리고추는 그대로 튀겨 맛소금을 살짝 뿌린다.
7 그릇에 5의 안심을 놓고, 4의 레몬과 6의 꽈리고추를 곁들인다.

Tip

꽈리고추에 구멍을 내지 않으면 기름이 튄다.

물오징어 빵꼬아게

간편하게 튀길 수 있는 요리
집에서도 준비만 해 놓으면

재료 준비 | 30분   조리 시간 | 20분

재료
물오징어 1마리
빵가루 조금
달걀물 조금(119쪽 참고)
박력분 조금
식용유 5컵(900ml)

소스
단무지 20g
오이 10g
와사비 1작은술
마요네즈 30g

만들기
1 물오징어는 내장을 제거하고 살과 다리만 손질해서 물기를 제거한다.
2 오징어 살에 바둑판 모양으로 칼집을 낸 다음 1cm × 3cm로 자른다.
3 오징어는 박력분, 달걀물, 빵가루 순으로 묻힌다.
4 단무지, 오이는 잘게 다져 와사비와 마요네즈를 넣고 잘 섞는다.
5 3은 160도에서 10초간 튀긴 다음 180도에서 다시 한 번 튀긴다.
6 4에서 준비한 와사비 마요소스와 곁들인다.

Tip
빵가루를 묻힐 때 힘껏 눌러야 튀길 때 벗겨지지 않는다.

아귀 튀김

맛이 비슷해서 담백한 맛이 나는 요리 양념을 잘한 아귀 튀김은 복어 튀김과

재료

손질한 아귀살 200g
감자전분 50g
아스파라거스 1개
레몬 1/4개
식용유 5컵(900ml)
굵은 소금 조금
맛소금 조금

소스

물 1/2컵(100ml)
연간장 1/3컵(50ml)
정종 1과 2/3큰술(25ml)
생강즙 1작은술(5ml)

재료 준비 | 40분   조리 시간 | 30분

만들기

1 손질된 아귀는 굵은 소금으로 여러 번 비벼 깨끗이 씻는다.
2 분량의 소스 재료를 모두를 섞는다.
3 아귀는 물기를 제거한 후 2의 소스에 넣고 3분간 맛을 들인 다음 물기를 제거한다.
4 3은 감자전분을 충분히 묻혀 160도에서 20초, 180도에서 20초간 튀긴다.
5 아스파라거스는 껍질을 벗기고 그대로 튀겨 맛소금을 뿌린다.
6 그릇에 튀긴 4의 아귀를 놓고, 5의 아스파라거스와 레몬을 곁들인다.

Tip

아귀 튀김은 종이 타월로 누르면서 기름기를 제거하면 더 좋다

시작도 중요하지만
마무리도 그만큼 중요한 것이
우리네 일이다.

후식

후식 이야기

쯔께다시와 디저트의 역할과 중요성을 앞서 이야기했다. 개인적으로는 디저트가 더 중요하다고 생각한다.

모든 식사가 멋지게 끝나고 마지막 요리인 디저트가 맛이 없거나 앞선 요리와 맞지 않는다면 1~2시간의 식사가 무용지물이 된다. 시작도 중요하지만 마무리도 그만큼 중요한 것이 우리네 일이다.

메인 요리가 맘에 들지 않았더라도 맛있는 디저트로 멋진 마무리를 하는 경우를 종종 봤다.

내가 알던 일본 고객은 디저트를 먹지 않는다고 했다. 왜냐하면 흡족한 요리를 즐기고 나서 설탕을 가미한 아이스크림이나 케이크를 먹으면 간직하고픈 여운이 순간적으로 사라져 버리기 때문이라고 했다.

　셰프로서 참 고맙다는 생각이 들었다. 타닌 성분으로 피니쉬가 긴 레드 와인의 여운을 간직하고픈 와인 애호가들의 생각과 비슷한 맥락이랄까?

　요즘에는 팥앙금을 쉽게 살 수 있기에 양갱 만드는 일이 그리 어렵지 않다. 한천만 있으면 쉽고 간단하게 만들 수 있는데, 오랜 시간 정성을 들인 양갱과 다른 맛이 나는 것을 부인할 수는 없다.

　개인적으로 양갱에 대해 애착이 있었던 터라 팥을 가지고 하는 디저트를 참 좋아한다.

　따뜻한 말차 한 잔에 오랜 시간 저어가며 만든 양갱 한 점의 여유가 생각나는 나른한 오후다.

단호박 양갱

당도가 높은 단호박을 이용한 디저트

재료

단호박 200g
물 5와 1/2컵(1000ml)
잣 10g
호두 10g
한천 가루 10g
설탕 3큰술
꿀 2큰술

재료 준비 | 40분   조리 시간 | 40분

만들기

1 단호박은 껍질을 벗기고 찜통에 찐 다음 체에 내린다.
2 잣과 호두는 프라이팬에 볶아서 잘게 다진다.
3 깊이가 있는 냄비에 물과 호박, 한천, 설탕을 넣고 약한 불에서 나무주걱으로 저어가며 잘 섞는다.
4 30분 정도 지나 어느 정도 졸여지면 꿀과 잣, 호두를 넣어 마무리하고 넓은 틀에 넣어 굳힌다.

Tip

한천이 냄비에 붙으면 덩어리져 버릴 수 있으니 잘 섞은 다음 끓인다.

호박고구마 푸딩

겨울에 당도가 높은 호박고구마를 이용한 디저트

재료

고구마 200g(중간 크기 2개)
우유 1과 1/3컵(250ml)
두유 1과 1/3컵(250ml)
설탕 1/3컵(80g)
판 젤라틴 10장

소스

물 1/4컵(50ml)
설탕 1큰술
생강즙 조금

재료 준비 | 1시간　조리 시간 | 30분

만들기

1 고구마는 찜기에 찐 후 체에 밭친다.
2 젤라틴은 얼음물에 녹인 후 분량의 재료를 모두 섞어 불에 올린다.
3 70도가 넘지 않도록 **2**를 잘 저어가며 섞는다.
4 분량의 소스 재료를 섞어서 소스를 만든다.
5 **3**을 종지에 담고 냉장고에 넣어 굳힌다.
6 **4**의 소스를 곁들인다.

Tip

판 젤라틴을 넣은 재료들이 끓으면 응집력이 떨어져 굳지 않는다.

유자 양갱

시중에서 쉽게 구할 수 있는 앙금을 이용해서 간단히 만들 수 있는 요리

재료

- 적앙금 250g
- 물 11과 1/3컵(2100ml)
- 한천 가루 1큰술
- 물엿 3큰술
- 유자청 3큰술
- 소금 2g

재료 준비 | 10분 조리 시간 | 1시간

만들기

1 물 1/2컵(100ml)에 한천을 완전히 녹인다.
2 깊은 냄비에 앙금과 1의 한천물, 남은 물을 모두 넣고 약한 불에 졸인다.
3 나무주걱으로 잘 저어가며 졸인다. 유자청, 물엿, 소금을 넣는다.
4 50분 정도 지나면 앙금이 되지면서 냄비 옆에 묻는다.
5 중간중간 냄비에 묻은 앙금을 고무 헤라로 떼어낸다.
6 카레의 농도가 되었다 싶을 정도로 졸인 다음 그릇에 부어 굳힌다.

Tip

- 정성스럽게 오랜 시간 졸일수록 밀도가 높아져 더 고급스러운 양갱이 만들어진다.
- 금가루가 있다면 뿌려도 좋다.

두유 푸딩

두유를 이용한 일식풍의 디저트

재료

두유 1과 1/3컵(250ml)
물 1과 2/3큰술(25ml)
설탕 2와 1/3큰술(35g)
판 젤라틴 2장
풋콩 1/3컵(50g)

소스

적앙금 25g
설탕 10g
물 1/3컵(50ml)
소금 1g

재료 준비 | 20분   조리 시간 | 30분

만들기

1 풋콩은 삶아 물, 두유와 함께 믹서기로 갈아 체에 밭친다.
2 젤라틴은 얼음물에 녹인다.
3 1에 2와 설탕을 넣고 80도가 넘지 않도록 약한 불에서 녹인다.
4 그릇에 50ml씩 담아 냉장고에서 굳힌다.
5 분량의 소스 재료를 섞어서 소스를 만들고 굳힌 푸딩에 1큰술 올린다.

Tip

적당한 식감을 위해선 온도 조절이 중요하다.

치즈 푸딩

시중에서 쉽게 구할 수 있는 치즈를 이용한 디저트

재료

크림 치즈 70g

달걀노른자 2와 1/2개

우유 2/3컵(120ml)

설탕 2큰술(30g)

꿀 1과 2/3작은술(8ml)

재료 준비 | 10분   조리 시간 | 40분

만들기

1 달걀노른자, 우유, 설탕, 꿀은 거품기를 사용하여 잘 섞고 체로 거른다.

2 치즈는 조각내서 전자레인지에 20초간 돌려 녹인다.

3 **2**를 체에 걸러 가며 **1**에 조금씩 넣는다.

4 **3**을 그릇에 50ml씩 넣는다.

5 찜통에 **4**를 넣고 센 불로 5분간 찐 뒤 약한 불로 25분간 찐다.

6 냉장고에서 식힌다.

Tip

치즈와 우유, 달걀을 천천히 잘 섞어야 덩어리지지 않는다.

토란 팥 만쥬

몸에 좋은 토란을 이용한 느끼하지 않은 웰빙 디저트

재료

- 토란 200g
- 찹쌀가루 2큰술(30g)
- 박력분 2큰술(30g)
- 적앙금 120g
- 호두 40g
- 설탕 2큰술(30g)
- 샐러드 오일 조금

재료 준비 | 1시간   조리 시간 | 30분

만들기

1. 토란은 잘 씻은 다음 찜통에 쪄서 껍질을 벗기고 체에 밭친다.
2. 호두는 프라이팬에 볶아 잘게 다진다.
3. 1과 설탕, 찹쌀가루, 박력분을 섞는다. 적앙금에는 2를 섞는다.
4. 토란은 50g씩, 적앙금은 35g씩 나눈다.
5. 토란 베이스를 납작하게 펴서 적앙금을 넣고 동그랗게 만든다.
6. 프라이팬에 기름을 둘러 5를 넣고 호떡용 눌림 도구로 누른다.
7. 약한 불에서 뒤집어가며 노릇노릇하게 익힌다.

Tip
익힐 때 수분이 완전히 빠져야 식감이 살아나서 더 맛있다.

귤 젤리와 딸기

귤과 딸기를 이용한 디저트

재료

귤 5개
딸기 3개
판 젤라틴 1장
설탕 1큰술
민트 조금

재료 준비 | 10분   조리 시간 | 30분

Tip

- 귤 주스로 만들어도 된다. 하지만 귤의 흰 부분을 함께 잘라 만든 주스는 쓴맛이 나기 때문에 맛의 차이가 있다.
- 생 귤도 손으로 직접 짠 것과 기계로 짠 것의 차이가 크다.
- 아이스크림을 곁들여도 좋다.

만들기

1 귤은 껍질을 벗기고 위생장갑을 끼고 손으로 눌러 즙을 짠다.
2 귤 즙이 100ml 정도 나왔으면 설탕을 섞는다.
3 젤라틴은 얼음물에 녹이고 딸기는 4등분 한다.
4 냄비에 2와 3의 젤라틴 물을 넣고 80도가 넘지 않도록 끓여서 녹인다.
5 4를 그릇에 담아 냉장고에서 굳히고 딸기와 민트를 곁들인다.

미소쿠키

교토 특산품인 백된장을 이용한 어른들을 위한 디저트

재료 준비 | 30분   조리 시간 | 40분

재료

달걀노른자 1개

잣 50g

무염버터 100g

백된장 1과 1/3큰술(20g)

보리된장 2큰술(30g)

박력분 1/3컵(80g)

설탕 1/3컵(60g)

물엿 1과 1/3큰술(20g)

쌀가루 1/3컵(60g)

만들기

1 잣은 프라이팬에서 볶아 다진다.

2 볼에 버터와 백된장, 보리된장을 섞어 중탕하여 잘 녹이고 달걀노른자와 설탕, 물엿을 넣는다.

3 박력분과 찹쌀가루, 잣을 2와 섞는다.

4 3은 랩을 이용해 사각으로 만든 다음 냉장고에서 굳힌다.

5 굳은 것을 5mm 간격으로 자르고 160도 오븐에서 7분간 굽고, 140도에서 5분간 구워 완성한다.

Tip

미소향의 호불호가 있으니 미소의 양을 조절한다..

감자 카스테라

가을철 맛이 좋은 감자를 이용한 디저트

재료

감자 150g

박력분 2와 2/3큰술(40g)

달걀노른자 10개

달걀흰자 2개

설탕 1컵(180g)

소금 4g

만들기

1 감자는 듬성듬성 썰어 녹말을 없애고 찜통에 쪄서 체에 내린다.

2 달걀흰자와 설탕 10g을 섞어 거품기로 거품을 낸다.

3 감자와 달걀노른자, 설탕, 박력분, 소금을 같이 섞는다.

4 2와 3을 섞어 체에 내린다.

5 170도 오븐에서 15분간, 160도에서 40분간 굽는다.

Tip

찌고 난 감자는 밑에 종이 타월을 깔고 실온에 식혀 수분을 충분히 날려준다.

쉽게 구할 수 있는 생선 다루기

도미
타이

"오메(目) 데토우고자이마스."
"눈이 튀어 나올 정도로 축하드립니다."
'(오)메데타이'라는 말은 '경사스러운'이라는 뜻이다. 그래서 도미(타이)는 축하하는 자리에 항상 등장한다.

도미 손질하기

가정에서 손질하기 어려우니 생선을 구매할 때 도미살만 가져오는 것이 좋다. 다만 껍질의 고소함을 같이 즐기고 싶다면 "껍질 벗기지 말고 부탁드려요~"라고 말하자.

1 도미의 비늘을 벗긴다.

2 내장을 꺼내고 머리와 살을 분리한다.

3 머리는 반으로 자르고 뜨거운 물로 데쳐 비늘을 벗긴다. 손질한 머리는 간장 조림이나 맑은 국에 사용한다.

4 세 장 뜨기를 한다. 생선의 가운데 뼈는 말려서 국이나 소스를 만드는 육수를 낼 때 쓴다.

5 마쓰가와(끓는 물에 살짝 데친다.)를 만들기 위해 혈 부분에 칼집을 일부분 넣는다.

6 껍질 부분은 소금으로 문지른 후 거즈로 덮는다. 도미의 껍질을 같이 사용하기 위해 단백질 응고도 피하고, 도미살에 약간의 간을 배게 한다.

7 끓는 물과 얼음물을 동시에 준비한다. 철망 위에 도미를 놓고 배 쪽 살을 잡은 후 약간 기울여 끓는 물을 붓는다.

8 끓는 물을 부은 도미는 바로 얼음물에 넣는다. 이때 작업이 빠르고 정확하게 이루어져야 한다. 그렇지 않으면 도미 껍질이 익지 않거나 너무 익어 버려 껍질의 사용이 힘들다.

9 소금기를 잘 뺀 도미는 행주로 물기를 제거하고 혈 부분을 떼어낸후 생선용 페이퍼로 싼다.

10 껍질을 사용하지 않는다면 껍질을 벗겨 사용한다. 껍질 벗기는 요령은 앞 과정을 거치지 않고 바로 칼을 이용해 벗긴다.

도미 스시 만들기

숙성 스시를 만들기 위해서는 10시간 이상이 지나야 한다. 도미살이 살아 있어 탱탱하면 최대한 얇게 여러 겹으로 떠야 하기에 쉽지 않다. 도미 사시미 껍질 부분을 이용한 사시미와 벗긴 부분의 사시미가 있다.

1 도미 사시미(13g)를 뜬다.

2 도시 사시미에 적당량의 와사비를 바른다.

3 초밥(8g)을 뭉쳐 **2**의 와사비 위에 올린다. (초밥 만들기는 77쪽 참고)

4 손으로 사시미와 초밥이 하나로 뭉쳐질 수 있도록 적당한 힘으로 쥔다.

날치알

도비꼬

날다(飛子, 토부)에서 유래한 이름이다. 날치알은 가격이 가장 오르지 않은 식재료라고 할 수 있다. 30여 년 전에도 1kg에 만 원이였는데 지금도 만원이면 구입할수가 있다. 아이들이 좋아하는 식감을 가진 날치알은 한때 엄청나게 유행했던 캘리포니아 롤 재료의 필수품이었다. 가정에서 손질만 잘 하면 활용도가 좋은 식재료다.

냉동 날치알 손질하기

냉동된 날치알을 해동하여 잡내를 제거하고 사용하면 어느 요리에나 어울린다.

1 봉지 채로 자연 해동한다.

2 정종 1컵을 끓여 알코올을 제거한 후 식힌다.

3 1을 2에 넣고 30분간 맛을 들인다.

4 체에 밭치고 물기를 완전히 없앤다.

> Tip
> 물기를 없애는 것이 포인트다. 보관과 맛을 좋게 만들기 위한 방법이다.

광어
히라메

국민 생선이라 불리는 광어는 머리가 작아 가용 부위가 많고 식감도 좋아 다들 즐기는 생선이다. 대부분의 사람들이 처음으로 접한 생선이지 않을까? 그래서 오마카세에서는 "광어 패~스!"를 말하는 손님들도 종종 있다.

일부 생선 마니아들이 광어가 자연산이냐 양식이냐에 따라 생선의 밋밋함이 식상하다고 이야기하는 경우가 있다. 개개인의 스타일이고 선호도의 차이일 것이다.

하지만 광어 2kg 이상을 12시간 이상 숙성시키고 다시마에 또 24시간 숙성시킨다면 이야기가 달라진다. 다시마 절임을 한 생선은 기존 생선과 다른 식감과 감칠맛으로 사시미나 스시로 사용하기에 아주 좋다. 여기서 좀 더 맛을 낸다면, 해삼 내장을 찍거나 올려서 사시미나 스시로 즐기면 좋다.

광어 손질하기

광어 역시 세 장 뜨기를 해서 살 네 쪽만 가져오는 것부터 시작해보자. 숙성 시간은 피를 빼는 시간부터이다. 다음은 집에서 광어 손질을 해 보고 싶은 사람들을 위한 간단한 방법이다.

1 피만 빼서 가져온 광어는 머리와 내장을 제거한다.

2 배 쪽부터 세 장 뜨기 한다. 이때 주의 점은 맛있는 물고기의 지느러미나 아가미 언저리의 살을 최대한 살리기 위해 조심히 손질한다.

3 세 장 뜨기가 완성되면 물고기의 지느러미, 아가미 언저리 살 부분을 분리한다.

4 껍질을 벗긴다. 이때 겉껍질을 벗기지 않아서 비늘이 많이 나올 것이다.

5 껍질을 다 벗긴 살은 흐르는 물에서 비늘을 모두 제거하고 물기를 완전히 뺀 후 페이퍼로 감싼다. 생선살을 씻을 때는 얼음물이 더 좋다.

6 12시간 정도 지났으면 다시마 절임을 한다. 이때 다시마는 정종을 뿌려서 닦고 다시마로 광어 살을 덮은 후 랩핑하여 하룻밤 재워 사용한다.(광어 2kg 이상)

연어
사케

수많은 시련을 겪으며 강으로 오는 연어의 일생(수달, 왜가리, 곰에게 먹히는 경우가 많고, 산란을 하고 본인의 살을 희생하는 연어)이 참 존경스럽다. 산란을 위해 강으로 오는 연어의 수가 전체 2% 밖에 되지 않는다고 하니 그 삶의 치열함이 우리네 삶과 견주어도 손색이 없을 정도다.

연어 살은 쉽게 구할 수 있다. 사시미용은 그대로 먹고 스시용은 다시마 절임을 해서 먹는 게 맛있다. 생선 숙성을 많이 하는 이유는 '우마미'라고 하는 감칠맛 수치가 올라가는 시간 때문이다. 식감은 다소 떨어지더라도 감칠맛 수치가 오른 생선은 특별히 간을 하지 않아도 달달한 맛이 난다. 흔한 경험담이겠지만 바닷가에 놀러가서 전날 먹다 남은 회를 한 점 먹어 보면 어제와 다른 느낌이 든다. 바로 숙성이 되었기 때문이다. 단, 고기나 생선은 상하기 전 단계의 상태가 가장 맛있다고 하니 상태를 잘 보고 섭취해야 할 듯하다.

연어 다시마 절임하기

연어를 다시마 절임하여 연어의 감칠맛은 올라가고 잡내를 잡아주기에 맛있는 연어를 즐길 수 있다.

1 다시마는 정종으로 잘 닦아 놓는다. 시간이 지나면 다시마가 부드러워진다.

2 연어 살에 정종과 소금을 뿌린 후 1시간 정도 둔다.

3 표면에 있는 소금이 모두 녹았으면 다시마로 싸고 랩핑한다.

4 그 상태로 하루 동안 재워 사용한다.

> *Tip*
>
> · 다시마 절임한 연어를 2cm × 2cm로 잘라 흰 쌀밥 위에 와사비 간장, 김과 함께 곁들이면 한 끼 식사로도 충분하다.
>
> · 다시마 절임한 연어는 3~4일은 괜찮다. 단 신선한 연어라면 일주일 동안 보관이 가능하다.

참치
마구로

예전에는 에도(동경의 옛 이름) 앞바다에 참치가 많이 몰려와 바닷물 색이 검은 색으로 보였을 정도였다고 한다. 그래서 바다색이 "막구로(眞黑, 진짜 검은색) 데스네"라고 해서 '마구로'가 되었다고 한다. 일본인들이 참치를 처음 접했을 때는 참치 뱃살을 고양이 먹이로 줬을 만큼 흔했다. 하지만 지금은 너무 비싸 고급 부위로 손꼽힌다.

종류가 다양한 참치는 참치 전문점이 따로 있을 정도로 전문가들이 많다. 오랫동안 우리나라는 냉동 참치를 먹었는데, 최근에는 참치 양식이 국내에서도 성공해 축양 참치를 많이 사용하고 있다. 축양 참치는 바다에 가두리를 치고 참치 치어를 사육해서 양식하는 방법으로 지방이 많은 게 특징이다. 가장 맛있다고 하는 참치는 자연산 홋카이도 아오모리산 참치가 유명하다. 그래도 아직까지는 냉동 참치를 대부분 소비한다.

참치 해동하기

참치는 살이 연하기에 두께감 있게 썰어야 감칠맛이 좋다. 완전히 녹지 않은 상태로 냉장고에 넣어 버리면 피가 제대로 빠지지 않아 가운데 부분의 색이 탁해지는 경우가 종종 있다. 이렇게 되면 보기에도 좋지 않고, 맛에서도 피비린 맛이 난다. 그래서 냉동 참치는 해동을 잘 하는 것이 기술이다. 배 쪽의 힘줄 부분이 질긴 맛이 나는 경우가 있다. 이때는 겉면만 살짝 익히는 방법도 좋다.

등쪽(아가미)

1 미지근한 물에 겉면을 잘 씻어 바닥에 흡수가 잘 되는 페이퍼를 깔고 실온에서 해동한다.

2 완전히 녹았으면 페이퍼로 말아 냉장고에 1시간 동안 둔다.

3 표면이 부드러워지면 사용한다. 신선한 참치는 색이 강렬한 빨간색을 띠면서 면이 울퉁불퉁한 경우가 있으니 냉장고에서 충분히 숙성을 한 다음 사용하는 것이 좋다.

배 쪽(오토로)

1 등 쪽과 같은 방법으로 해동한다.

2 다만 배 쪽은 겉에 껍질이 있으니 잘 분리한다.

3 껍질 부분을 숟가락으로 긁게 되면 지방이 나온다. 이때 등 쪽 살과 섞으면 맛이 좋다.

4 생선결의 반대로 썰어야 맛있다.

갑오징어 코우이까

오징어는 일본 사람들이 가장 좋아하는 생선 중 하나다. 우리나라 동해에서 많이 잡히던 오징어가 난류성 어류의 특성 때문에 최근에는 흑산도와 서해에서 더 많이 잡힌다고 한다.

제주도에만 나는 값비싼 부채오징어와 물오징어, 갑오징어, 냉동 한치가 일반적으로 스시에 자주 쓰인다. 맛이 워낙 담백하다 보니 맛이 강한 양념과 잘 어울린다. 오징어를 얇게 썰어 명란젓이나 해삼 내장과 함께 무치면 좋은 술안주가 된다.

갑오징어 손질하기

갑오징어는 담백한 맛이 일품으로 많은 사람들이 좋아한다. 등쪽의 납작한 뼈를 제거하고 날개와 살을 분리하는 것이 중요하다.

1 먹물이 터지지 않도록 배 쪽에 칼집을 내고 내장을 제거한다.

2 양쪽으로 엄지손가락을 넣어 등에 있는 갑(오징어 내장 뒤에 얇고 투명한 뼈처럼 생긴 것)을 뺀다.

3 날개와 살을 분리한다.

4 날개 살은 행주를 이용해 겉껍질을 벗긴다. 살 부분은 안 껍질을 벗겨야 하는데 살이 눌리지 않도록 조심하면서 작업한다.

5 오징어 다리의 빨판도 손질한다.

갑오징어 스시 만들기

1 손질한 갑오징어는 적당한 크기로 자른다.

2 갑오징어의 몸통과 차조기를 얇게 썰어 무친다.

3 갑오징어 스시를 만든다.
  (스시 만들기는 154쪽 참고)

새우
에 비

에비(海老, 바다의 노인)라는 한자를 쓰는 새우는, 일반적으로 횟감으로는 도화새우와 살아있는 차새우(오도리, 일본말로 '오도루'의 '춤추다'라는 말에서 유래됐다고 한다. 수조에서 새우가 펄쩍펄쩍 뛰는 모습이 춤춘다고 생각되었나 보다.)와 단새우(甘:아마에비)가 많이 쓰이고, 튀김이나 익혀서 사용하는 것은 베트남산 냉동 차새우를 쓴다. 일명 베트남산 냉동 차새우는 블랙타이거라고 알려져 있다. 시중에 있는 새우는 양식 냉동 새우로, 삶아서 사용하면 스시용으로 가정에서 즐길 수 있다.

단새우 손질하기
일반적으로 가정에서 많이 사용하는 새우로, 머리와 내장을 제거하여 사용한다.

1 머리를 분리한다.

2 살은 소금을 넣어 문질러 흐르는 물에 씻고 물기를 제거한다.

3 껍질을 벗기고 등 쪽의 내장이 보이면 제거한다. 손질된 새우는 접시에 쌓는다.

> *Tip*
> 단새우는 색깔이 중요하다. 물기를 제거한다고 종이에 굴리는 경우가 있는데 그러면 색이 바래져 버린다.

냉동 새우 스시 만들기

1 새우는 나무꼬챙이를 이용해 배 쪽으로 꼬챙이를 넣어 반듯하게 잡아준다.

2 소금을 넣은 끓는 물에 새우를 삶는다. 일반적으로 수염을 빼고 10cm 크기의 새우는 끓는 물에 1분 30초만 삶아 빠르게 얼음물로 식히는 게 포인트이다.

3 식힌 새우는 내장을 제거하고 배 쪽으로 칼을 넣어 펴준다.

4 꼬리 쪽은 살만 빼고 껍질을 제거하여 스시를 만든다.(스시 만들기는 154쪽 참고)

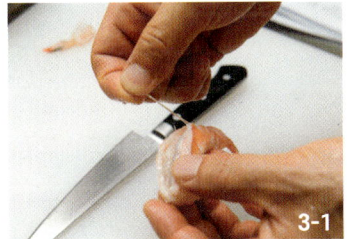
3-1

3-2

전복
아와비

조개류를 별로 안 좋아하는 사람도 전복은 괜찮다는 이야기를 많이들 한다. 그만큼 많은 사람들이 좋아하는 최고의 식재료다. 생으로 먹어도 비리지 않고 잘 찌거나 조리면 특별한 맛을 낼 수 있다.

전복 손질하기

전복은 솔을 이용하여 껍질까지 깨끗이 닦은 후 살과 내장을 분리하여 손질해두면 요리에 사용하기 편리하다.

1 솔을 이용해 깨끗이 닦는다.

2 숟가락으로 껍데기와 살을 분리한다. 분리된 부분도 잘 닦아준다.

3 전복 내장은 쓸개 부분만 버리고 잘 손질해두었다가 전복 내장죽을 끓일 수도 있다.

전복 조림하기

1 냄비에 전복 2마리를 넣고 물을 많이 붓고, 불을 켠 다음 끓어오르면 거품을 제거한다.

2 약한 불로 2시간 동안 조린다. 이때 전복의 크기마다 다른데 1kg에 7마리짜리 기준이다.

3 국물이 조려지면, 정종 1/2컵을 붓고 다시 조린다. 마지막 10분은 국물을 끼얹어 가며 마무리한다.

4 조금 남은 국물을 냉장고에 두면 굳는데 전복과 같이 곁들이면 좋다.

청어
니싱

생선 마니아들은 담백한 흰살 생선보다는 등푸른 생선을 선호한다. 참치, 고등어, 방어, 전갱이 등등. 등푸른 생선이 가지고 있는 독특한 맛이 있는데 청어는 등푸른 생선 중에서도 그 정도가 강하다. 그래서 중독성이 있다.
과메기의 원재료는 청어다. 그러나 청어보다 꽁치의 조업량이 늘면서 한때 꽁치가 그 역할을 했고, 요즘은 청어와 꽁치가 같이 나온다고 하니 과메기를 좋아하는 사람들에게는 기쁜 소식이다. 예전에는 청어가 겨울에 맛있었는데 요즘은 여름이 제철이다.

청어 손질하기

개인적으로 기름이 꽉 찬 청어는 참치 뱃살보다 맛있다. 물론 잔가시가 워낙 많아 처리가 쉽지 않은 단점이 있는 건 사실이다. 또한 가시 뽑기로도 다 제거하지 못한 가시를 일일이 칼집을 넣어 주어야 하는 셰프의 노력이 필수인 생선이다. 앞에서도 잠깐 이야기했던 기리아지의 진정한 맛을 느끼기에 셰프의 정성과 노력이 필요한 생선으로 청어만한 것이 없기 때문이다.

1 비늘을 벗기고 머리와 내장을 분리한다.

2 세 장 뜨기를 하는데 지방이 많을 경우 중간에 있는 가시를 같이 제거할 수 있으니, 잘 익혀두자. 세 장 뜨기를 하면 시간을 절약할 수 있다.

3 뽑히지 않은 가시를 뽑는다.

4 쇠 젓가락을 이용해 머리부터 껍질을 벗겨준다.

청어 스시 만들기

1 청어 사시미를 뜬다.

2 1의 사시미를 이용하여 스시를 만든다. (스시 만들기는 154쪽 참고)

3 지방이 많은 청어에 열을 가해 지방을 녹여 풍미를 높인, 하꼬스시(상자초밥)를 만들어도 좋다.

2-1

2-2

고등어
사바

고등어는 예전에 비해 가격이 많이 오른 생선 중 하나다. 가격이 많이 오른 탓에 좋은 고등어를 구하기가 쉽지 않다. 기름이 많고 적당한 크기는 부지런한 사람들이 먼저 가져가고 그 외 나머지가 유통되는 게 일반적이다.

옛날에 서민들이 높은 사람을 찾아가 아쉬운 말을 해야 할 때 고등어를 들고 "사바사바"한다는 말에서 유래되어 '사바'라고 불린다고 한다. 고등어는 광어처럼 멈추면 죽는 생선이라 넓고 둥근 수조가 아니면 살아 있기 힘들다. 그래서 계속 빙글빙글 돈다.

고등어 손질하기

고등어는 사후경직이 빠른 생선이기에 비린 맛이 강해서 제대로 된 손질을 해야 한다. 활고등어는 포를 떠보면 살이 붉지 않고 연한 색이 난다. 바로 피를 뺐기 때문이다. 그래서 비린 맛이 나지 않는다. 선어는 피를 머금고 죽었기에 살에 피가 남아 있다. 그래서 소금에 절이고 식초에 담그는 방법이 생긴 것이다.

1. 비늘을 벗기고, 머리와 내장을 제거한다.
2. 세 장 뜨기를 한다.
3. 쟁반에 고등어를 두고 고등어 살 쪽으로 소금을 촘촘히 뿌린다. 약간 경사를 주면 고등어에서 비린 물이 잘 빠진다.
4. 1시간 ~ 1시간 30분 정도 지나면 고등어의 소금이 다 녹는다. 이때 흐르는 물에 씻어 물기를 제거한다.

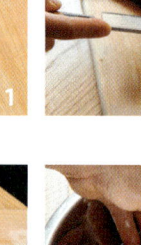

5 냉장고에 넣어둔 현미 식초에 고등어를 50분간 담근다. 식초에 얼음을 식초 양의 20%를 넣어 녹인 다음 고등어를 넣는다. 산도가 6도 이상 이면 고등어 껍질이 녹아 버리기 때문이다.

6 물기를 빼고 페이퍼로 싼다.

7 가슴 쪽 부분을 도려내고 가운데 가시를 제거한 후 껍질을 벗긴다.

8 세 장 뜨기를 한 후 사시미를 만들고 스시로 만든다.

보우스시(봉초밥) 만들기

1 물기를 짠 초생강과 시소를 다진 후 깨를 갈아 섞는다.

2 고등어 살을 양쪽으로 벌린다.

3 등 쪽에 칼집을 넣는다.

4 와사비를 많다 싶을 정도로 바른다.

5 1을 촘촘히 올린다.

6 김밥 말듯이 모양을 잡아 고등어 위에 초밥을 올리고, 김발을 이용해 감싼다.
(초밥 만들기는 77쪽 참고)

7 김발을 분리하고 랩으로 말아준다.

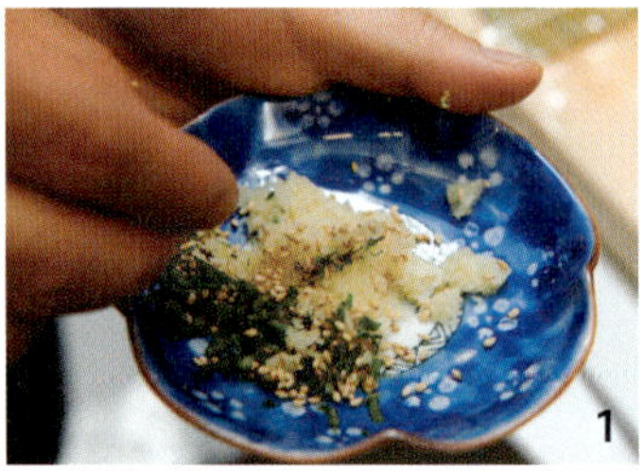
1

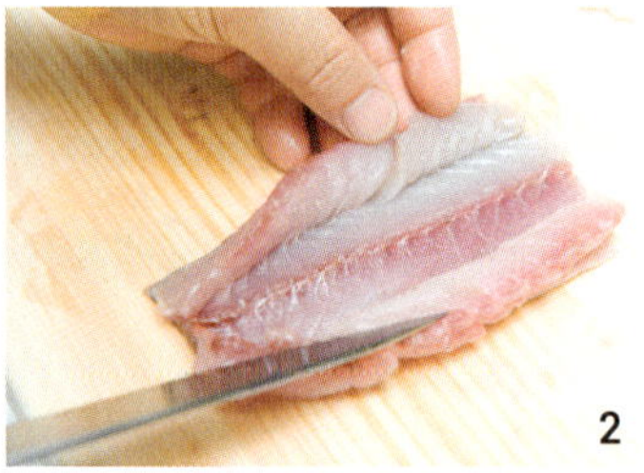
2

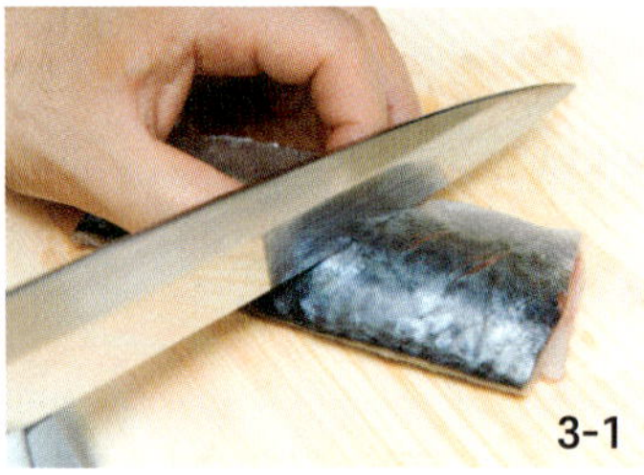
3-1

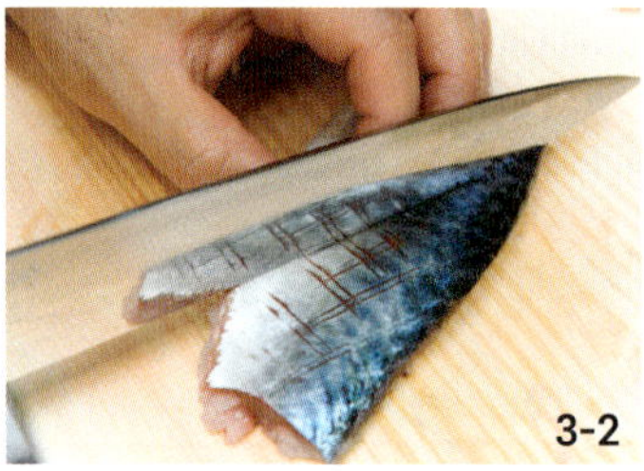
3-2

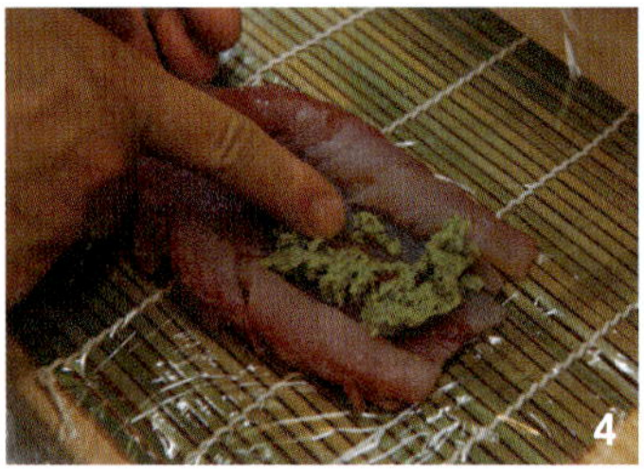
4

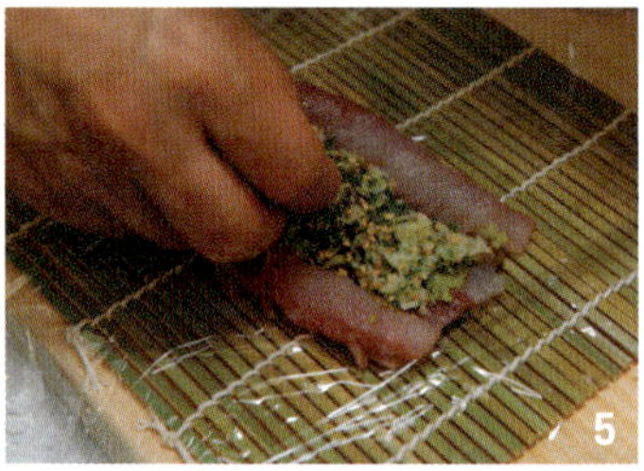
5

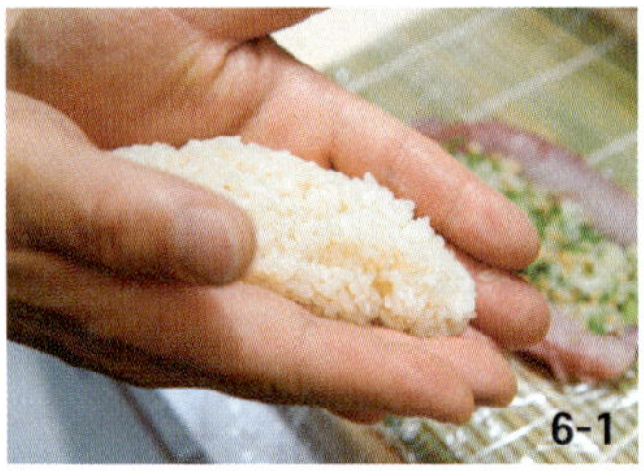
6-1

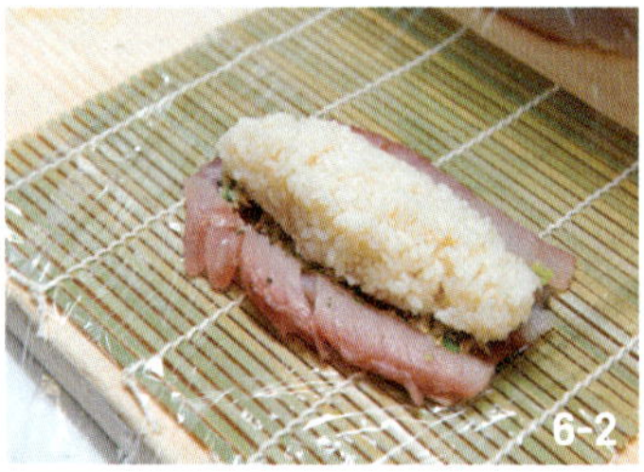
6-2

7-1

7-2

Tip

고등어 껍질 부분에 예쁘게 칼집을 넣어주면 좋다.

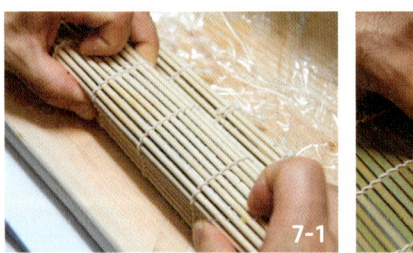

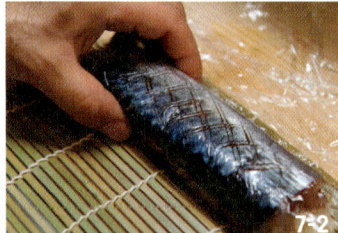

가정에서 스시용 생선 구하기

생선을 사려면 수산시장이 가장 먼저 떠오른다. 물론 여러 가지 생선을 사기 위한 필수 코스라는 건 틀림없다. 하지만 시장과 접근성이 떨어지는 곳이라면 일부러 시장을 찾기보다는 가까운 상가나 대형마트, 백화점을 이용하는 것을 추천한다.

백화점의 생선 코너는 그 규모가 엄청나다. 특히나 요즘은 전복 양식이 잘 발달하여 전복 가격이 예전에 비해 많이 저렴하다. 산지와 직거래하면서 횟감용 선어도 많이 볼 수 있다. 생선을 회로 요리할 때 꼭 활어일 필요는 없다.

반면 우리나라보다 생선을 자주 즐기는 일본은 자연산 생선의 선어를 스시로 많이 섭취한다. 우리나라는 식감을 중요시해서 활어를 많이 선호한다. 우럭, 도미, 광어는 국민 생선이 되어 버렸다.

스시용 생선은 오히려 숙성을 시켜야 제대로 맛을 낼 수 있다는 셰프들도 있다. 하지만 사람에 따라서는 쫄깃쫄깃한 식감의 생선을 선호하는 사람도 있기에 강요할 수 있는 사항은 아니다.

가정에서 스시를 만들려고 생선을 구입하기 전에 일단 구입할 생선 리스트를 작성하자.

> **생선 구매 리스트**
> 광어, 연어, 참치, 전복, 가리비, 키조개, 날치알, 냉동 새우, 조리된 장어

다양해 보이지만 쉽게 구할 수 있다.

조금 더 욕심을 내자면 대게나 킹크랩도 구할 수 있다. 이 정도만 있어도 아주 훌륭하다.

생선 구매 리스트

전복 전복은 잘 씻어 압력솥에 찐다.

냉동 새우 냉동 새우는 끓는 물에 적당히 삶아 껍질을 벗겨 쓰면 좋은데, 혹시 초생강을 구입하였다면 초생강 소스에 새우를 담가 스시에 사용하면 좋다.

광어 광어는 아침에 구입해서 저녁에 먹는 것을 추천한다. 생선의 사후경직이 풀리면서 감칠맛이 올라오기 때문에 꼭 먹기 12시간 전에 구입하기를 권한다.

참치 참치는 냉동 상태로 구입해서 집에서 바로 소금물에 넣어 해동시킨다. 참치가 다 녹으면 종이 타월로 싸서 냉장고에 보관하면 피가 잘 빠진다. 참치는 피를 얼마나 제대로 빼는 것이 중요하다. 피가 잘 빠진 참치는 그대로 먹기보다는 포를 떠서 간장과 미림(알코올을 날린 것)을 5대 1 비율로 만들어 3분 정도 담근 후 요리하면 맛있게 먹을 수 있다.

장어

장어는 전자레인지에 살짝 돌려 사용한다.

날치알

날치알은 종이 타월로 적당히 물기를 제거하면 좋다.

연어

연어는 그대로 사용하면 되는데, 좀 더 맛있게 요리하고 싶다면 12시간 전에 다시마로 감싸두면 다시마의 감칠맛이 생선에 흡수되어 더욱 맛있는 연어가 된다.

고등어

개인적으로 고등어를 가장 좋아하는 데 사람들에게 꼭 추천하고 싶은 생선이다. 내가 스시 요리사의 길을 선택하게 만든 결정적 역할을 했던 생선이기 때문이다. 가을이나 겨울에 아가미를 봐서 색이 강한 선홍색을 띠는 고등어는 소금과 식초로 비린내를 제거하면 가정에서도 충분히 맛있게 먹을 수 있는 생선이다.

> **Tip**
> 여기에 나와 있는 생선에 김과 달걀말이, 박고지 간장 조림이 곁들여지면 웬만한 스시집의 지라시 스시와 견주어도 충분하다.

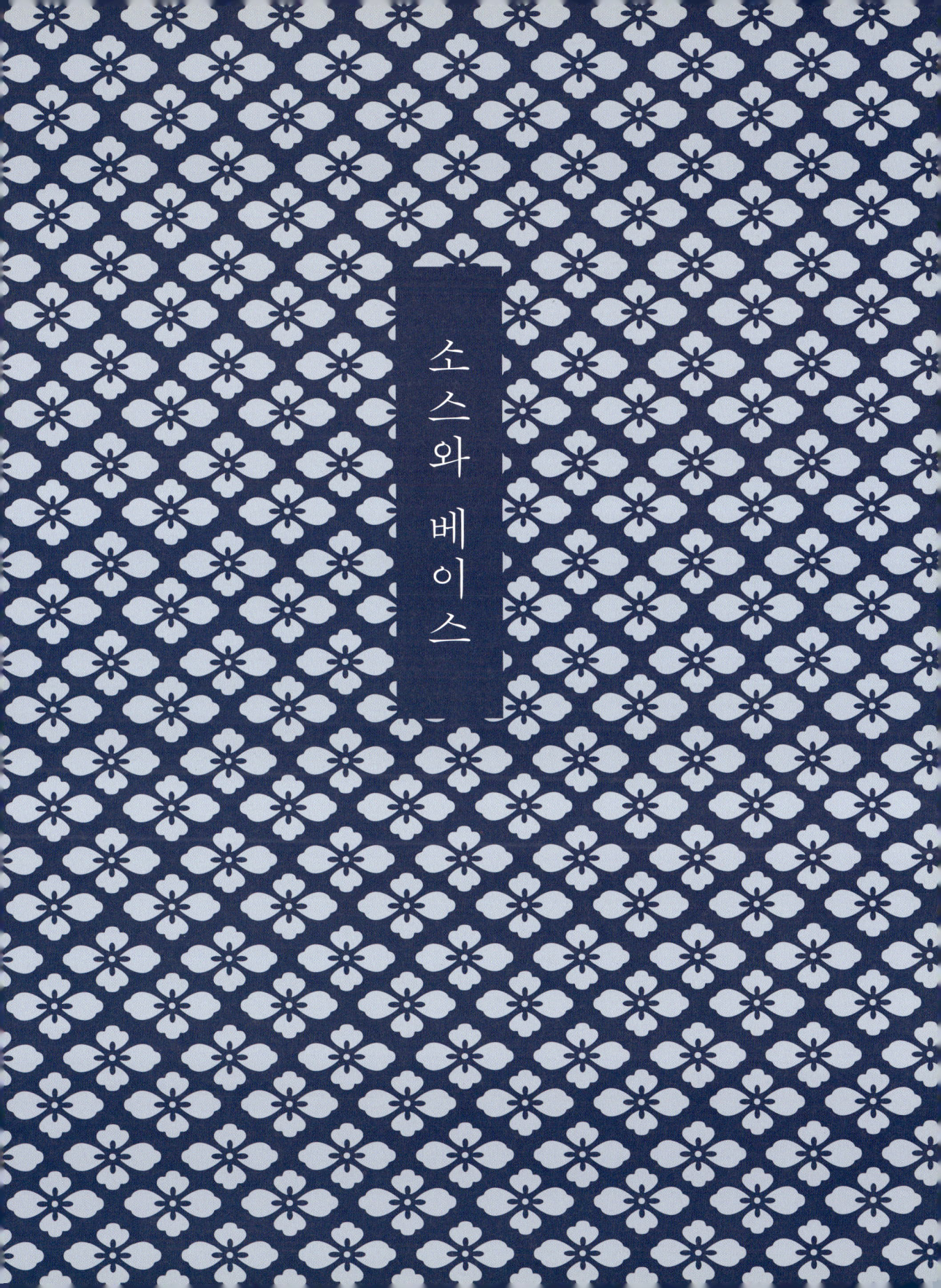

일본 요리의 양념들

타마리 간장 ①
생선의 색과 풍미를 낼 때 사용하는 간장이다.

연간장 우스구찌 ②
국물 요리를 할 때 사용하는 간장이다.

진간장 코이구찌 ③
생선이나 채소 조림, 각종 소스를 만들 때 사용한다.

미츠칸 식초 ④
일반적인 쌀 식초이다.

흑초 ⑤ ⑥
5의 흑초는 정종을 만들고 남은 술지게미를 발효시켜 만든 식초로 초밥을 만들 때 사용한다. 향과 색이 진해 미츠칸 식초 같은 흰색 식초와 배합해서 사용한다.
6의 식초보다 색이 진하지 않아서 식초 그대로 사용해도 된다.

가쓰오 다시

모든 다시의 기본이 되는 다시

재료

물 10컵(1800ml)
가쓰오부시 200g
다시마 1장(5cm×5cm)

만들기

1 물에 다시마를 넣고 1시간 후 불에 올린다.
2 물이 끓으려고 하면 불을 줄이고 20분간 더 둔다.
3 다시마를 건지고 가쓰오부시를 넣는다.
4 약한 불에 10분간 끓이고 거품을 제거한다.
5 불을 끄고 가쓰오부시가 가라 않으면 체에 거른다.

TIP 가쓰오부시를 넣고 불을 강하게 하면 국물이 탁해지고 특유의 향이 날아가 버린다.

우동 다시

각종 면에 사용할 수 있는 다시

재료

가쓰오 다시 3컵(500ml)
(181쪽 참고)
연간장 1과 2/3(300ml)
미림 2/3컵(120ml)
정종 1컵(180ml)
구운 대파 3개

만들기

1 가쓰오 다시에 구운 대파를 넣고 끓인다.
2 1이 끓으면 정종, 미림, 연간장을 넣는다.
3 30분 후 대파는 건진다.

소바 다시

여름철 소바나 소면 국물, 찬 우동도 가능한 다시

재료

가쓰오 다시 3과 1/2컵(630ml)
(181쪽 참고)
진간장 1/2컵(90ml)
정종 1/2컵(90ml)
미림 1/2컵(90ml)
설탕 1작은술(7g)
다시마 1장

만들기

1 정종과 미림은 끓여서 알코올을 날린다.
2 모든 재료를 넣고 끓으면 불을 끈다.
3 거품을 제거한 후 식혀서 사용한다.

TIP 우리나라는 소바 먹는 방법이 일본과 다르다. 일본의 경우 소바 쯔유(소바 소스)의 간이 매우 쎄다. 그래서 소바 면 끝을 조금만 묻혀 먹는다. 그런 다음 다 먹은 소바 쯔유에 소바 삶은 국물을 섞어 마신다. 그러나 우리나라는 소바 면을 모두 담가 먹기 때문에 소바 다시를 짜다고 이야기하는 사람이 많다.

냄비 다시

보통 해물 냄비에 많이 쓰는 다시로, 집에서 고기전골 국물로도 사용한다.

재료

가쓰오 다시 6과 1/2컵(1200ml)
(181쪽 참고)
정종 1/3컵(70ml)
미림 1/3컵(70ml)
연간장 1/3컵(70ml)
대파 1개

만들기

1 다시에 대파를 넣고 끓어 오르면 정종, 미림, 연간장을 넣는다.
2 거품을 제거하고 30분 동안 있다가 대파를 건진다.

초회 소스

해파리나 새우, 문어, 해삼 등 다양한 식전 요리 베이스

재료

가쓰오 다시 2/3컵(120ml)
(181쪽 참고)
연간장 2/3큰술(10ml)
설탕 1과 1/2큰술(20ml)
미림 1과 1/2큰술(20ml)
사과 식초 1/3컵(60ml)

만들기

1 식초를 제외한 모든 재료를 냄비에 넣고 한 번 끓인다.
2 1에 식초를 첨가한다.

폰즈 소스

일식에서 가장 많이 사용하는 소스. 생선이나 육류를 포함한 모든 요리에 잘 어울린다. 레시피는 셰프마다 조금씩 나르다.

재료

물 2와 1/2컵(500ml)
진간장 1/2컵(100ml)
미림 1/3컵(60ml)
레몬 2개(100ml)
다시마 1장
가쓰오부시 2큰술(30g)

만들기

1 냄비에 미림을 넣고 알코올을 날린다.
2 레몬을 제외한 모든 재료를 넣고 끓인다.
3 거품을 제거하고 그대로 식혀 다음날 체에 거른다.
4 3의 소스에 레몬을 손으로 짠 레몬즙을 추가하여 사용한다.

샐러드 소스

보통 무난하게 사용할 수 있는 드레싱

재료

사과 1개

레몬 1개

물 1컵(150ml)

미림 1과 1/3컵(220ml)

연간장 2/3컵(140ml)

사과 식초 1/3(80ml)

설탕 1과 1/2컵(250g)

꿀 1과 1/3큰술(20ml)

만들기

1 냄비에 미림을 넣고 알코올을 뺀 다음 물과 설탕, 간장을 넣어 한 번 끓이고 거품을 제거한다.

2 사과를 강판에 간다.

3 1에 2와 식초, 레몬즙, 꿀을 첨가해 사용한다.

생선 된장 구이 소스

메로나 고등어, 삼치, 연어 등 가정에서 사용힐 수 있는 생선 구이 소스

재료

시판 된장 2와 1/2컵(500g)
설탕 1컵(150g)
정종 1/2컵(100ml)
미림 6컵(1100ml)
레몬 1/2개

만들기

1 냄비에 정종과 미림을 넣어 알코올을 날린다.
2 1에 설탕과 된장, 레몬즙을 넣고 하루 동안 숙성한다.

생선 간장 구이 소스

간장 구이 베이스로 무난한 맛의 소스

재료

레몬 1/2개
진간장 1컵(150ml)
미림 1/2컵(90ml)
정종 1/2컵(90ml)
물 1컵(180ml)
설탕 2큰술(30g)
다시마 1장

만들기

1 냄비에 미림, 정종을 넣고 알코올을 제거한다.
2 1에 물과 간장, 설탕, 다시마를 넣고 끓인다.
3 레몬즙을 넣고 냉장고에 하루 동안 숙성시킨 후 사용한다.

생선 밥 소스

가정에서 입맛이 없을 때 간장 베이스로 밥을 지으면 좋은 소스

재료
쌀 3과 1/2컵(700g)
양념 다시 4컵(733ml)

양념 다시
가쓰오 다시 5와 1/3컵(1000ml)
(181쪽 참고)
진간장 2큰술(30ml)
정종 1과 1/3큰술(20ml)
미림 1과 1/3큰술(20ml)

만들기
1 쌀을 씻고 15분간 깨끗한 물에 담가둔다.
2 물은 버리고 5분간 체에 밭친다.
3 돌솥에 2의 쌀을 넣고 준비한 양념 다시를 붓는다.
4 9분이 지나 끓어 오를 때 뚜껑을 열고 거품을 제거한 후 다시 뚜껑을 덮는다. 약한 불로 10분, 불을 끄고 10분간 뜸을 들여 완성한다.

김밥에 꼭 들어가는 재료 조림 소스

박속 조림과 표고버섯 조림에 사용하는 소스

재료
박속 250g

소스
가쓰오 다시 2와 1/2컵(500ml) (181쪽 참고)
진간장 1과 1/3컵(250ml)
미림 3큰술(45ml)
설탕 1과 1/3컵(250ml)

만들기
1 박속은 찬물에 1시간 동안 담가서 소금으로 문질러 씻은 후 끓는 물에 삶는다.
2 박속 넓이가 0.5cm 이상이면 반으로 자른다. 김밥용 김보다 1cm 길게 자른다.
3 물기를 꼭 짠 후 깊이가 있는 냄비에 가쓰오 다시와 설탕을 넣어 잘 섞는다.
4 물기를 꼭 짠 박속을 3의 냄비에 넣고 끓인다. 이때 간장과 미림도 넣는다.
5 90% 정도 조려지면 국자로 박속에 소스를 뿌리면서 마무리한다.

TIP
- 박속을 삶을 때 두께가 다른 경우가 있다. 어떤 건 알맞게 익고, 다른 건 너무 익었거나, 안 익는 경우가 있으니 숫자가 많은 것에 기준을 두고 조린다. 잘 삶아진 경우는 손톱으로 눌렀을 때, 자국이 선명하며 구멍이 나는 경우이다.
- 양이 많으면 소포장해서 냉동 후 필요할 때 사용하면 좋다.

김 조림 소스

일본식 소스에 김을 넣고 조림

재료

김 10장

소스

가쓰오 다시 2컵(181쪽 참고)
진간장 1/3컵(70ml)
미림 1/3컵(50ml)
설탕 1큰술
물엿 1작은술

만들기

1 가쓰오 다시, 간장, 미림, 설탕을 섞고 냄비에 넣고 한 번 끓인다.
2 1에 김을 넣고 조린다.
3 약한 불에 조리면서 김을 푼다.
4 거의 다 조렸을 때 물엿을 넣고 마무리한다.

양념 장어 달걀 곁들임 소스

양념 장어에 곁들일 달걀

재료

양념 장어 1마리
(시중에 판매되는 것)
달걀 2개

소스

가쓰오 다시 3큰술(181쪽 참고)
설탕 1큰술
연간장 1작은술
참나물 조금

만들기

1 참나물은 잎부분을 잘게 다진다.
2 달걀과 가쓰오 다시, 설탕, 간장을 섞는다.
3 2를 냄비에 넣고 약한 불에 익혀 마지막에 참나물을 넣는다.
4 장어는 전자레인지에 따뜻하게 데워 먹기 좋은 크기로 자른다.
5 접시에 장어를 놓고 3을 올려 마무리한다.

건강하고 고급스러운 일본 요리 한 상

일본은 우리나라와 비슷한 식문화를 가지고 있지만 그 속을 들여다보면 꽤 차이가 있다. 쌀을 주식으로 하고 있다는 점은 비슷하지만 모든 일본 요리가 쌀밥에 잘 어울리도록 만들어졌다는 차이가 있다.
일본 요리는 계절의 변화에 따라 맛이 좋은 제철 식재료를 사용하여 계절감을 살리고 있다. 무엇보다 재료 본연의 맛에 집중하기 위해 향신료를 강하게 쓰지 않는다. 그래서 담백하고 깔끔한 맛을 추구한다.
특히나 음식을 담아내는 것에 많은 노력을 하기에 '일본 요리는 눈으로 먹는 요리'라고 할 만큼 그릇에 담긴 모습이 한 폭의 그림 같다.

친구들의
즐거운 시간을 위한
일본 요리 한 상

친구들과 함께 하는 자리엔 언제나 수다와 시끌벅적함이 있다. 오랜만에 만나는 친구라면, 술이라도 한 잔 하며 그동안 하지 못했던 이야기를 하다 보면 시간이 어떻게 흘러가는지 모를 만큼 시간이 빨리 흐른다.

1 등심 샤브 고기 샐러드 050쪽

2 대합국 062쪽

3 주꾸미 봄채소 덮밥 088쪽

4 고등어 미소 조림 106쪽

5 문어 튀김 118쪽

6 귤 젤리와 딸기 144쪽

사랑하는
아이의 생일을 위한
일본 요리 한 상

사랑하는 아이의 소중한 생일을 식당이나 레스토랑에서 보내기 보다 무언가 특별한 기억을 남기고 싶다면, 힘이 들더라도 집에서 준비해보자.

1. 스키야키
082쪽

2. 야끼 오니기리
096쪽

3. 소고기 튀김
122쪽

4. 켈리포니아 롤
098쪽

5. 미소시루
064쪽

6. 치즈 푸딩
140쪽

집들이를 위한
일본 요리 한 상

결혼이나 이사 등 새로운 시작을 축하하는 집들이. 매번 집들이때마다 시켜먹던 배달음식이 아닌 조금은 특별한 한 상을 대접해보자. 집에서도 어렵지 않게 일본 요리를 즐길 수 있다.

문어 산마 샐러드
038쪽

대구지리
072쪽

볼락 간장 조림
104쪽

물 오징어 빵꼬아게
124쪽

단호박 양갱
132쪽

부모님
생신 축하를 위한
일본 요리 한 상

부모님 생신에는 주로 밖에서 외식을 하는 경우가 잦다. 바쁜 일상에서 상차림을 준비한다는 것이 쉬운 일은 아니지만, 부모님이 좋아하실 만한 음식을 이용한 일본 요리 한 상 차림은 의미 있는 일이 될 것이다.

1 전복 칼파쵸
048쪽

2 금태술찜
112쪽

3 아귀 튀김
126쪽

4 꽃게 미소시루
066쪽

5 찬 잣소면
084쪽

6 토란 팥만쥬
142쪽

손님 접대를 위한
일본 요리 한 상

요즘에는 집에 손님을 초대하는 일이 예전에 비해서는 그리 많지 않다. 하지만 집에 손님을 초대하고 대접하기 위한 요리로 일본 요리는 굉장히 매력적인 한 상 차림이 될 것이다.

참치 샐러드
034쪽

대게 돌솥밥
078쪽

옥도미 맑은 국
068쪽

일본풍 등심 스테키
108쪽

유자 양갱
136쪽

"내 입으로 들어가는 것이,
바로 '나'이기에 경건한 마음으로
요리를 해야 한다."

에필로그

오마카세 스시와 테이블 오마카세 이야기

요즘 붐을 일으키고 있는 오마카세 스시의 매력은 뭐니 뭐니 해도 셰프와 교감하면서 최고의 스시를 마주할 수 있는 경험이라고 생각한다.
우리나라에서 스시에 대한 이미지는 고급스럽고 정성이 가득한 요리이자 문화로 인식되고 있다.

같은 생선이라도 상황(손질이나 조리)에 따라 천차만별의 맛을 볼 수 있는 오마카세는 그 경험을 잊지 못하고, 사람들이 자꾸만 찾게 만드는 묘한 매력을 가지고 있다.
특히나 아내나 친구한테도 하지 못하는 비밀 이야기를 셰프와는 자연스레 공유하면서 스시 바에 대한 인기가 날로 높아지고 있다.

예전부터 밥을 같이 먹으면 아무리 처음 만나는 사람이라도 '식구'라는 표현을 써가며 금방 친해지게 마련이다. 스시 바는 단순히 음식을 먹는다는 차원을 뛰어넘는 장소이자 공간이다.

하지만 기존의 오마카세 스시는 고객과 셰프의 일대일 대면이 대부분이고 고객들이 찾아와야 하는 번거로움으로 한계가 있었다. 그래서 나는 오마카세 스시의 매력을 좀 더 많은 사람들과 나눌 수 있는 방법을 고민하기 시작했고, 셰프가 직접 고객에게 다가가는 테이블 스시 오마카세를 준비하게 된 것이다.

스시 한 점 한 점의 퀄리티를 최대한 살리는 것은 당연할 뿐더러 좀 더 많은 고객에게 재미와 경험을 선사하고자 하였다. 고객을 응대하는 셰프도 적극적으로 나서며 고객 한 분 한 분과 눈을 맞추고 그들이 필요로 하는 것을 바로바로 인지하여 제공할 수 있다는 장점이 있다.

주방과 홀의 벽을 허물어 셰프의 기술과 마인드를 직접 전달하다 보면, 음식을 매개체로 또 다른 문화가 만들어 질 것이라는 확신이 있다.

셰프 손끝의 온기가 식기 전에 먹어야 제 맛인 스시는 정성을 다해 쥔 스시가 고객이 기다리지 않고 마중 나가 바로 건네지고, 마침내 만족스런 미소가 돌아올 때에 최고의 행복을 느낀다.

이제야 나만의 조그마한 공간인 무카에서, 셰프의 찾아가는 스시 서비스를 제공할 수 있게 되었다.

28년 제 인생의 전부였던 나의 스시를 맛보고, 나와 마주하며 교감하는 시간되시기를 바란다.

전 세계 어디에도 없는 시스템이 지금 스시 '무카'에서 시작하고 있다.

2019년
6월의 어느 날
이동기

> * 이동기 셰프가 운영하는 스시 '무카'에서는 세계 최초로 테이블 오마카세 시스템을 도입하였다. 기존 오마카세의 바 형식에서는 함께한 사람과 마주보며 식사하지 못한다는 단점이 있었다. 이를 개선하고자 이동기 셰프가 직접 아이디어를 착안하여 도입하였다.

고급스럽게 즐기는
일본 가정식

펴낸날 초판 1쇄 2019년 6월 28일
         2쇄 2022년 9월 8일

지은이 이동기

펴낸이 강진수
편 집 김은숙, 유승현
디자인 임수현

인 쇄 (주)사피엔스컬쳐

펴낸곳 (주)북스고 **출판등록** 제2017-000136호 2017년 11월 23일
주 소 서울시 중구 서소문로 116 유원빌딩 1511호
전 화 (02) 6403-0042 **팩 스** (02) 6499-1053

ⓒ 이동기, 2019

- 이 책은 저작권법에 따라 보호를 받는 저작물이므로 무단 전재와 무단 복제를 금지하며,
  이 책 내용의 전부 또는 일부를 이용하려면 반드시 저작권자와 (주)북스고의 서면 동의를 받아야 합니다.
- 책값은 뒤표지에 있습니다. 잘못된 책은 바꾸어 드립니다.

ISBN 979-11-89612-29-0 13590

> 책 출간을 원하시는 분은 이메일 booksgo@naver.com로 간단한 개요와 취지, 연락처 등을 보내주세요.
> Booksgo는 건강하고 행복한 삶을 위한 가치 있는 콘텐츠를 만듭니다.